栗原はるみ

おいしくたべよう。

素材をいかすレシピ 133

はじめに

私はいつも今よりもっとおいしくできたらいいなと思いながら
ずっと料理を作り続けています。
私が毎日、気にかけているのは目の前にある素材です。
例えばじゃがいもは切り方ひとつ変えるだけで
見た目や食感の違うスープや炒め物ができますし、
定番のグラタンを長ねぎで試したら
素材の意外なおいしさが引き出されてきます。
私が家族のためにふだん作っている料理は
残っている素材を見ながら決めることが多いので
ときにはびっくりされる組み合わせがありますが
おいしい発見もたくさんあります。
それがまた私には、料理の楽しさにつながっています。

この本では身近な野菜を中心に、季節の味、肉や魚介も含めた
39素材を取り上げ、それぞれの料理を紹介しています。
いってみれば全部、私と家族の好きなもの。
毎日のごはんにちょっと新しい風を吹き込む
お役に立てればうれしいです。

おいしくたべよう。というこの本のタイトルには
料理を始めたばかりの若い人たちにも
家族の料理を長年作り続けている人たちにも
楽しみながら新しい料理に挑戦し、
おいしく食べてほしいという願いを込めました。

栗原はるみ

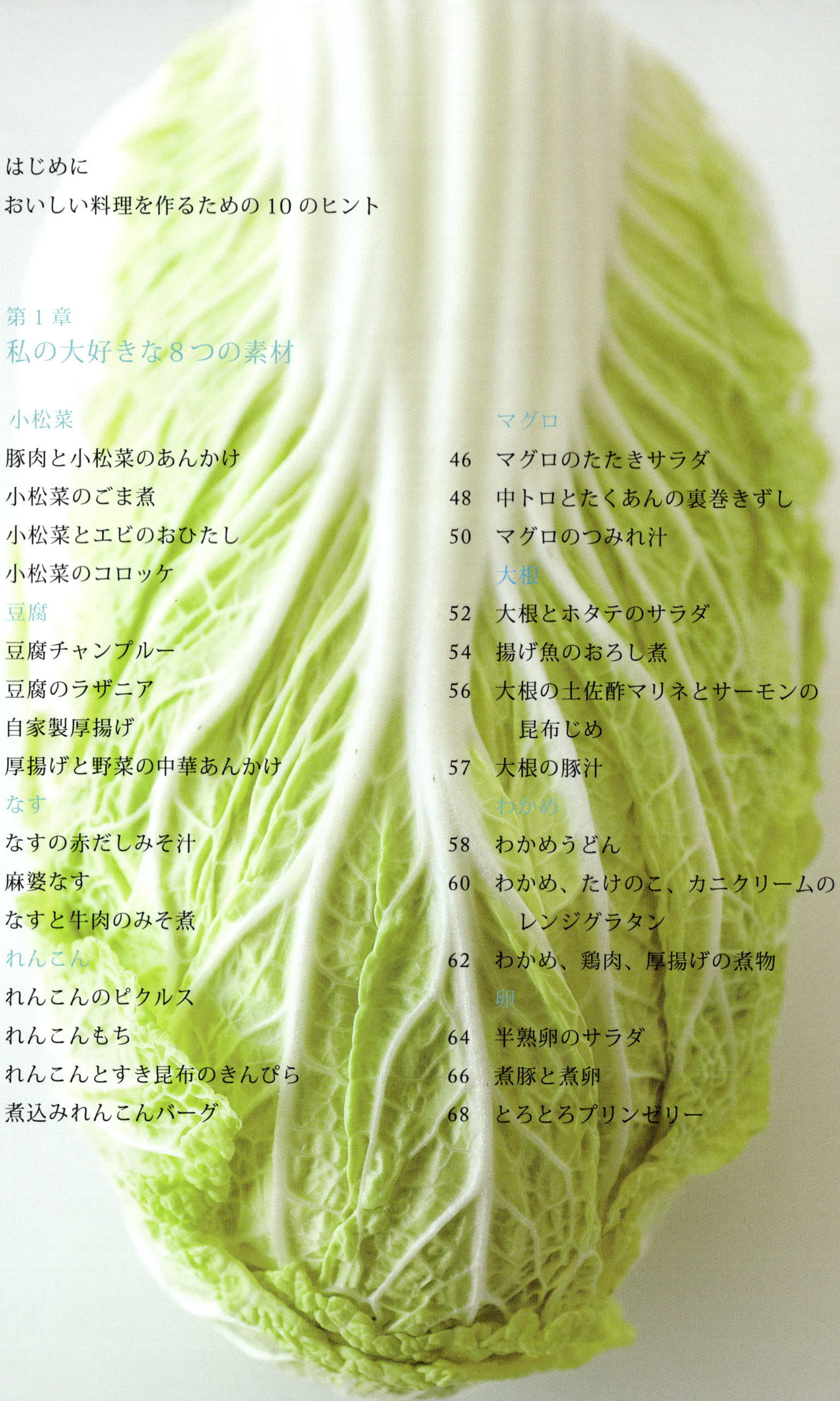

contents

○計量の単位はすりきりで１カップは200cc、大さじ１は15cc、
小さじ１は５ccです。
○電子レンジの加熱時間は
出力600Ｗの機能で作る場合の目安です。
500Ｗのものなら1.1倍、700Ｗなら0.9倍に換算してください。
○オーブンは電気オーブンを使用しています。
機能によっても、あるいはガスオーブンの場合にも
調理時間は前後しますので、
様子を見ながら加減してください。

おいしい料理を作るための10のヒント

どれもキッチンでふだん私が実践していることです。
無理せずできるところから始めて習慣にしてみませんか。
おいしい料理は作り続ける中から生まれます。

1

何を作るかは冷蔵庫の中をチェックして決めます

献立を考えながら買い物をしたつもりでも、予定が変わって使いそびれる素材が出てきます。さて今日は何を作ろうかというとき、必ず私がするのが冷蔵庫と冷凍庫の中のチェックです。一から全部、買い物をしないと作れない料理は手軽ではないし、経済的でもありません。残っている素材にちょっと何か足して作れるレシピ。それが主婦であり、料理家である私の課題のひとつです。今ある素材をおいしく食べきることを優先すると、冷蔵庫の中もすっきりしてきます。

2

おいしくする下ごしらえや段取りがあります

サラダ用の生野菜は冷水でパリッとさせたら水気をよくきる。パスタは具を準備しながらゆでるタイミングを合わせる。炒め物なら、あらかじめ調味料を揃え、種類が多かったり溶けにくいものがあれば合わせ調味料にしておく……。料理にはおいしくする下ごしらえや、手際よく仕上げるための段取りがあります。限られた時間で何品か作る場合はなおのこと。共通の薬味があれば一度に刻んだり、用意する鍋や調理道具、電子レンジやオーブンを使う手順なども確認して始めます。

3

同じ料理も切り方ひとつで変わるもの

じゃがいもをスープに入れるとき、輪切りと角切りでは見た目も食感も違います。同じにんじんのせん切りでも私のやり方には２通りあって、縦薄切りにしてからせん切りにすると、きんぴらにしても整然と見えて食感も残ります。斜め薄切りにしてからせん切りにすれば繊維を断つので生でもやわらかく感じ、先端がとがっているので繊細な印象も。せん切りにするとかさも増えます。薄焼き卵をせん切りにした錦糸卵は、切ってからふわっとほぐすと卵２個分が山になるほどです。

4 決してレシピ通りでなくてもよいのです

初めて作る料理はレシピ通りの材料で、調味料もきちんと計量して作ることをおすすめします。何度か作るうちに味を覚えたら、例えばレシピになす６個とあって、家に３個しかないときは、半分の量で作ってみます。調味料でも同じこと。みりんがなければ、砂糖と酒に置き換えてみたり、ワインビネガーをふつうの酢で代用したり。オリジナルのレシピがすべてと思わず、ひとつの目安と思うと気が楽です。そこから工夫が生まれ、料理がおもしろくなってきます。

5 作り慣れた料理でも必ず味見を

料理は仕上げの味見はもちろん、煮込み料理を温め直したとき、サラダやあえ物の時間をおいたときなどにも、もう一度味見をすることが大事です。作りたてのサラダはおいしくできたのに、遅く帰ってきた夫に出したら味が薄いといわれてしまう。これは時間がたって野菜から出た水気が原因。サラダやあえ物は、あとで食べる人の分は取り分けて直前にあえるとか、水気を軽くきって味を確かめ、出す前に調味し直すとおいしく食べてもらえます。

6 家族が好きな味を覚えておきます

毎日のごはんの中で、家族がおいしいといったレシピを私は大事にしています。うちの夫の場合は大根とホタテのサラダかそうめんサラダ、サンマの塩焼き、しめサバ、南蛮漬け、酢みそあえ、ステーキ、グラタン、トマトのパスタ、豚肉と小松菜の焼きそば、ビーフシチュー……。なにげない料理が多いですが、おいしく作るようにいつも心がけています。用意しておける料理は、私が留守がちのときなどにも重宝で、気にかけていることが伝わるのか、夫も少しだけ喜んでくれます。

7 明日のための下ごしらえもあります

翌朝のみそ汁の具、例えば小松菜と油揚げなら刻んでラップに包む。納豆に入れるねぎは小口切りにし、水気で傷まないように底にキッチンペーパーを敷き、忘れないようにガラス容器に入れる。バター炒めのキャベツは大きくザク切りにする。野菜は前日洗っておくだけでも、玉ねぎなら皮をむいておくだけでも一から作るのとは気持ちが違うはず。即席漬けやピクルスのような常備菜は、時間のあるときにまとめて作りおくとすぐに出せるので、気持ちに余裕ができます。

8
一品をていねいに作ること

気持ちに余裕が持てると料理と向き合って、ていねいに作りたくなります。みそ汁は昆布と削り節でだしを取り、素材の切り方もていねいにして、家族の顔を見てから仕上げるとか、夕ごはんに合わせて早めにビーフシチューを煮込んでおくとか。自分の中の達成感が料理を作る楽しさにつながっていきます。もちろん毎日同じようにはできないので、時間のない日と手をかけられる日を分けて考え、できないからといってストレスに感じないことです。

9
おいしく見える盛りつけを心がけています

うちでは肉や魚介のおかずに野菜をたっぷり添えることが多いので、そのときどきの器とバランスを見ながらおいしく見えるように盛りつけています。例えば「ベトナム風揚げ春巻き」(P.198) は整然と重ね、ハーブやサンチュを別皿にたっぷり盛り、ソースや薬味のなますは小さな鉢に入れて添えます。色違いの２枚の長角皿を並べて大皿のように使ったのは、そのときの私の思いつき。できたてを食卓に早く出したいので、盛りつけには思い切りのよさも必要です。

10
片づけ上手な人は料理も上手

シンクやカウンターの上が片づいていると料理をする気になりますし、実際すぐに取りかかれます。逆に洗い物がたまっていたら料理にかかる前から疲れてしまいます。どこかでやらなければならないのだから、早く片づけてしまうほうが気楽。料理をしながらも使ったボウルやまな板、包丁などは洗って拭いて定位置へ。料理ができ上がるときは盛りつけの器が出ているだけが理想です。これも段取りのひとつでしょうが、習慣になるとキッチンは散らからず、料理も上達していきます。

第1章

私の大好きな８つの素材

小松菜、豆腐、なす、れんこん、マグロ、大根、わかめ、卵。ふだんおなじみの素材の中から、とくに私が大好きな８つを選んで作り慣れた料理をご紹介します。ほとんど毎日のように食べている素材なので、家族が喜ぶ定番料理も数々生まれました。

1

2

3

4

5

6

7

8

豆腐、小松菜、大根、なす、わかめ。
どの素材も料理に幅広く使えるものばかりです。
共通点をひとつあげると、私の好きなみそ汁の具。
豆腐はすりごまを加えてごま汁に、
小松菜はゆがかず、すぐに使えるので助かります。
なすの赤だしはなすを下ゆでると格段においしくなります。

マグロは小さい頃からなじみがあり、
今もいちばんよく食べている、私の大好きな魚です。
包丁でたたいたら、少しだけすし飯を作って手巻きにしたり、
づけにして網で焼いたり。
まわりは「疲れているときにマグロはあまり
食べたくないでしょ」と言いますが
私は毎日でも、疲れていても食べたくなります。

私にとっては味と同時に食感も大事です。
れんこんのシャキシャキした歯ごたえが楽しみで
ピクルスや炒め物がだんだん厚切りになったほど。
毎日の料理作りでは、ずっと卵に助けられてきました。
野菜のあんかけに半熟の卵焼きをのせたことも数えきれません。
おいしい素材があるから私の新しい発想も生まれます。

小松菜

アクが少ないので炒め物や汁物、煮物などにそのまま使えて便利な青菜です。
保存は水洗いして軽く水気をきり、ポリ袋に入れて冷蔵庫に立てておきます。

豚肉と小松菜のあんかけ

材料／4人分

小松菜　2束(600g)
豚切り落とし肉　150g
卵　4個
にんにく　1片
A
- 水　2カップ
- 顆粒鶏ガラスープ　小さじ2
- オイスターソース　大さじ2
- しょうゆ　大さじ2
- 紹興酒　大さじ2

サラダ油　大さじ4
片栗粉・水　大さじ各1½
ごま油　適宜
塩・こしょう　各少々

作り方

1 小松菜はよく洗い、4～5㎝長さに切って葉と軸に分ける。にんにくは薄切りにする。
2 小鍋にAを合わせて温める。片栗粉は同量の水で溶いておく。
3 フライパンにサラダ油の半量を熱し、にんにくを炒めて香りが出たら豚肉を炒める。
4 小松菜を軸から先に加えて手早く炒め、Aの調味液を加える。
5 煮立ったら水溶き片栗粉でとろみをつけ、ごま油を回しかけて風味をつけ、器に盛る。
6 卵を割りほぐし、軽く塩、こしょうする。フライパンに残りのサラダ油を熱し、卵液をざっと流し入れ、大きく混ぜて半熟の少し手前でゆるめにまとめる。手早く⑤にのせ、熱いうちにいただく。

この豚肉と小松菜のあんかけを、温かいごはんにかけてしば漬けを添え、どんぶり風にして食べるのが私も息子も大好きです

手早くもう一品欲しいときのうちの定番です。
煮汁になる調味液を温めてから加えるのは
小松菜を煮すぎず、食感を残すためのひと工夫。
豚肉は味やボリューム感を出しますが、
小松菜だけを炒めて卵焼きをのせることもあります。
半熟手前の卵があんかけの上にのると
余熱で火が通り、とろりふわっふわ。
卵をくずして、あんかけと一緒に食べれば
小松菜も1人½束くらいは軽々です。

小松菜のごま煮

材料／4人分

小松菜　1束(300g)

油揚げ　2枚

A

- だし汁　1カップ
- しょうゆ　大さじ3
- みりん　大さじ2～3
- 酒　大さじ1

すりごま　½カップ

作り方

1 小松菜はよく洗い、4～5㎝長さに切って葉と軸に分ける。

2 油揚げは熱湯で油抜きし、水気をきってから2㎝幅に切る。

3 鍋にAを合わせて煮立て、小松菜の軸と油揚げを加える。

4 軸に火が通ったら葉を加え、少し煮てからすりごまをたっぷりと加えて火を止める。そのまましばらくおいて味をなじませる。

小松菜と油揚げは相性がよく、うちの夫はこのみそ汁が大好き。
ちょっとコクがほしいときはすりごまをふることも。
小松菜のごま煮は同じ組み合わせで作るしょうゆ味の煮物です。
私は小松菜をくたくたになるまで煮ることもあります。

小松菜とエビのおひたし

材料／4人分

小松菜　1束(300g)

むきエビ(小)　150g

塩　適宜

A

- だし汁　1カップ
- 薄口しょうゆ　大さじ2
- みりん　大さじ2
- 酒　大さじ1

作り方

1 小松菜はよく洗い、4～5㎝長さに切って葉と軸に分ける。

2 エビは洗い、背ワタがあれば除く。

3 鍋にAを合わせて煮立て、エビを加えて軽く煮て火を止める。味をみて塩少々で調味し、蓋をして余熱で火を通す。

4 たっぷりの湯を沸かして塩を適宜入れ、小松菜を軸から加えてゆで、冷水に取って、よく水気を絞る。

5 ③の煮汁が冷めたら、④の小松菜をひたし、冷蔵庫にしばらくおいて味をなじませる。

シャキッとゆでた小松菜だけのおひたしもいいですが
プリプリのエビを合わせれば、ちょっとごちそう風。
だし汁は昆布と削りガツオでていねいにとると、
うまみのしっかりきいた上品な味に仕上がります。

小松菜のコロッケ

材料／４個分

小松菜　１束
豚ひき肉　50g
粉末ポテトフレーク　30g
熱湯　¼カップ
塩・こしょう　各適宜
サラダ油　少々
顆粒コンソメ　少々
薄力粉・溶き卵・パン粉　各適宜
揚げ油　適宜
キャベツのせん切り・すだち・
　好みのソース　各適宜

作り方

1 小松菜は葉と軸に分け、それぞれ細かく刻む。
2 たっぷりの湯を沸かして塩を適宜入れ、小松菜を軸から加えてゆで、冷水に取ってざるに上げ、水気をかたく絞る。
3 ボウルにポテトフレークを入れて熱湯を注ぎ、少しおいて蒸らす。
4 フライパンにサラダ油少々を熱し、ひき肉を炒め、軽く塩、こしょうする。熱いうちに③に加えて混ぜる。
5 ④に②の小松菜をほぐしながら入れ､全体をなじませる。顆粒コンソメ、塩、こしょうで味を調える。
6 ⑤の生地を４等分してまとめ、薄力粉、溶き卵、パン粉の順に衣をつける。熱した揚げ油でカリッと揚げる。
7 揚げたてを器に盛り、キャベツのせん切りを添え、すだちを絞り、好みのソースでいただく。

コロッケの中身はマッシュポテト（ここではポテトフレーク使用)、炒めたひき肉、刻んでゆでて水気をかたく絞った小松菜１束分

小松菜の緑色がフライ衣を透けて見えるほど、ぎっしり！
この小松菜だらけのところが
さっぱりとしたおいしさの決め手です。
生地のつなぎには少量の粉末のポテトフレークを使います。
これは牛乳でのばせば簡単にマッシュポテトになり、
パンケーキに混ぜたりしてもおいしいので、
子どもたちが小さい頃から
忙しいときの私のお助けアイテムです。

ぎゅっと詰まった
小松菜に驚かれます

豆腐

水分を多く含む豆腐は調理前にしっかり水きりをします。
木綿豆腐は炒め物、煮物、田楽などに。絹ごしは冷ややっこ、汁物、湯豆腐などに。

豆腐チャンプルー

材料／4人分

木綿豆腐　2丁
豚切り落とし肉　150g
もやし　1袋
青梗菜　1袋（2～3株）
サラダ油　大さじ2～3
和風だしの素　大さじ1
塩・こしょう　各適宜

作り方

1. 豆腐はキッチンペーパーなどで包んで網やざるにのせ、20～30分おいて水気をよくきる。
2. もやしは根を取り、青梗菜は4～5㎝長さに切る。
3. ①の豆腐は大きめの角切りにし、水気を拭く。フライパンにサラダ油大さじ1～1½を熱して豆腐を入れ、表面に焼き色をつけて取り出す。
4. ③のフライパンにサラダ油少々を足し、豚肉を入れ、塩、こしょうをふって炒める。青梗菜、もやしを順に加えて残りのサラダ油を足しながら手早く炒め合わせ、豆腐を戻し入れる。
5. だしの素、塩、こしょうで調味し、器に盛る。

豆腐を入れたらそのまま焼き色がつくまで待ち、それから裏返すと鍋肌につかずにきれいに焼き上がります

野菜や豆腐を炒め合わせた沖縄の家庭料理、チャンプルー。
そのときある野菜で手軽に作れて
味つけはだしの風味と塩、こしょう。
このシンプルなところも私は気に入っています。
豆腐の持ち味を楽しむには
ちょっと大きいかな、というくらいに切って
くずさないようにまず表面を焼きつけるのがコツ。
豆腐にしっかり存在感があるので
肉はちょっと入れるか、肉なしでもおいしくヘルシー。

豆腐のラザニア

材料／4人分

絹ごし豆腐　2丁

ミートソース（市販品）

　約300g

ホワイトソース

- バター　大さじ2
- 薄力粉　大さじ3
- 牛乳　1カップ
- 生クリーム　1カップ
- 顆粒コンソメ　小さじ1
- 塩・こしょう　各少々

オリーブ油　大さじ2

塩・こしょう　各少々

ピザ用チーズ　200g

作り方

1. 豆腐はキッチンペーパーなどで包んで網やざるにのせ、20〜30分おいて水気をよくきる。
2. ホワイトソースを作る。フライパンにバターを溶かし、薄力粉をふり入れ、焦がさないように炒める。牛乳を少しずつ加えて溶きのばし、なめらかになってきたら生クリームを加えて混ぜながら少し煮て、顆粒コンソメ、塩、こしょうで味を調える。
3. ①の豆腐は1丁を6枚に切り、水気を拭いて塩、こしょうをふる。
4. フライパンにオリーブ油を熱して豆腐を入れ、両面に焼き色をつける。
5. オーブンは230℃に予熱する。
6. 耐熱容器にミートソースとホワイトソースを各⅓量ずつ順に敷いて半量の豆腐をのせる。同様にソースと豆腐を重ね、上にも残りのソースをかける。
7. ピザ用チーズをさらに粗く刻んで表面にたっぷりとのせて、230℃のオーブンで約20分焼く。

ミートソースとホワイトソースを敷いて、焼いた豆腐を並べる。表面をおおったチーズの下は、これを2回繰り返しています

豆腐を幅広のパスタ、ラザニアに見立てたグラタンで、
かれこれ30年くらい前から作り続けているうちの味です。
外国人のお客様をもてなすときもこの味は評判がよくて
メニューにはたいてい加えています。
みんなに中身が豆腐だというとすごくびっくりされて
「ヘルシー！」とか「デリシャス！」という歓声。
なめらかな豆腐の食感が洋風なソースやチーズの風味と
あらためてよく合うと感じる一品です。

とろーり、あつあつ。
豆腐の洋風食感です

自家製厚揚げ

素揚げする前に豆腐はしっかり水きりをしておきます。
豆腐の種類はお好みですが、私はどちらかといえば絹ごし派。
表面と中との食感の対比がより楽しめる気がします。

材料／作りやすい分量

豆腐1丁　揚げ油適宜　好みの薬味〈青じそのせん切り・しょうがのすりおろしやせん切り・大根おろし・みょうがの小口切り・削りガツオ各適宜〉　しょうゆ適宜

豆腐はキッチンペーパーに包み、バットにおいた網にのせ、水きりを。ここでは素揚げするのでしっかり2～3時間おきます

作り方

1　豆腐はキッチンペーパーなどで包んで網やざるにのせ、2～3時間おいて水気をよくきる。

2　①の豆腐は12等分し、水気を拭く。揚げ油を熱して豆腐を入れ、色づくまでカリッと揚げる。

3　器に揚げたての②を盛り、好みの薬味をのせ、しょうゆをかけていただく。

＊写真では手前から、青じそとしょうがのせん切り、大根おろしとしょうがのすりおろし、みょうがと削りガツオをのせています。

厚揚げと野菜の中華あんかけ

自家製厚揚げを使えばいつもの料理もちょっと贅沢に。
小さく切って揚げているので、表面全体がカリッとして
煮てもおいしく、料理にうまみやコクが増します。

材料／作りやすい分量

自家製厚揚げ(P.32参照)１丁分　ブロッコリー１株　にんじん(小)１本　キャベツの葉３枚　A〈砂糖大さじ½　しょうゆ大さじ２　オイスターソース・紹興酒各大さじ１　中華スープペースト小さじ１　水１カップ〉　サラダ油大さじ１　片栗粉・水各大さじ１　ごま油大さじ１

作り方

1. ブロッコリーは小房に分け、大きいものは２～３等分にする。にんじんは６㎝長さに切り、縦半分にしてから薄切りにする。キャベツは大きめのザク切りにする。
2. ブロッコリーとにんじんはかためにゆでて、ざるに上げる。
3. 小鍋にAを合わせて温める。片栗粉は同量の水で溶いておく。
4. 深めのフライパンにサラダ油を熱し、キャベツ、ブロッコリー、にんじんを順に加えて炒め、Aの調味液を加える。
5. 煮立ったら厚揚げを加えてなじませ、再び煮立ったら水溶き片栗粉でとろみをつけ、仕上げにごま油をふる。

なす

皮にハリがあり、ガクについているとげが触ると痛いくらいのものが新鮮。
鮮度のよいなすはアクも少なめです。和洋中に幅広く応用できる淡泊な味わいが素材の魅力。

なすの赤だしみそ汁

材料／４人分

なす　２個
だし汁　４カップ
赤だしみそ　大さじ３
みょうが・粉山椒　各適宜

作り方

1 なすはヘタを取り、1.5cm幅のいちょう切りにし、水にさらしてアク抜きをする。みょうがは薄切りにする。
2 沸騰した湯になすを入れてゆでる。やわらかくなったら、水に取ってざるに上げ、軽く水気を絞る。
3 鍋にだし汁を入れて温め、②のなすを加え、赤だしみそを溶き入れる。
4 器に盛り、みょうがをのせ、好みで粉山椒をふる。
＊ここではなすの赤だしみそ汁、炊きたてのごはん、アジの干物とすだち、ほうれん草のおひたし、漬物を合わせて朝の献立にしています。

なすは下ゆでするとアクが抜け、口当たりがやわらかくなります。ただしゆですぎると風味が抜けるので食べてみて加減します

なすはそれこそ毎日、違う食べ方ができるくらい便利。
中でも疲れたときに食べたくなるのが、みそ汁や焼きなすです。
とくに赤だしで作るなすのみそ汁はさっぱりとして
仕上げにみょうがを刻んで添えれば香りもごちそう。
ポイントはなすをやわらかく下ゆでしてから使うことで、
じかに煮たのと比べると口当たりがまるで違い、
ふわっと溶けていくような食感です。

麻婆なす

材料／4人分

なす　8個(600g)
合いびき肉　200g
長ねぎのみじん切り　½本分
しょうがのみじん切り　大さじ1
にんにくのみじん切り　大さじ½
サラダ油　大さじ1
紹興酒　大さじ1
豆板醤　大さじ1
A
- 水　2カップ
- 顆粒鶏ガラスープ　小さじ2
- しょうゆ　大さじ3
- 砂糖　小さじ1

片栗粉・水　各大さじ1
揚げ油　適宜
ごま油・香菜　各適宜

作り方

1 なすはヘタを取り、縦半分に切って長さを3等分し、さらに縦3等分に切る。水にさらしてざるに上げ、水気を拭き取る。
2 小鍋にAを合わせて温める。片栗粉は同量の水で溶いておく。
3 揚げ油を熱してなすを素揚げし、余分な油をきる。
4 フライパンにサラダ油を熱し、長ねぎ、しょうが、にんにくのみじん切りを入れて炒め、香りが出たら合いびき肉を加えて炒める。
5 肉の色が変わったら紹興酒、豆板醤を順に入れて炒め、Aの合わせ調味液を加える。混ぜながら煮立て、水溶き片栗粉をもう一度混ぜてから加え、とろみがついたら③のなすを加える。
6 仕上げにごま油を回し入れて風味をつけ、器に盛る。好みで香菜を添える。

なすはやや高温の油でさっと素揚げします。網じゃくしで手早く網に上げたら、余分な油をよくきってから使います

なすを揚げるのはちょっとひと手間に感じますが、
油から引き上げたなすは鮮やかななす紺色で、
火が通っている分、あとの調理時間も短くて済みます。
麻婆なすの場合も、素揚げしたなすで作ると
味にコクとうまみが出て、見た目もつややかです。
なす1袋くらいあっという間に食べきれます。

白いごはんにのせて
食べたい味です

なすと牛肉のみそ煮

材料／4人分

なす　9〜10個（700g）

牛切り落とし肉　200g

A

- しょうゆ　大さじ3
- みそ　大さじ3
- 砂糖　大さじ3
- みりん　大さじ3
- だし汁　2カップ

サラダ油　大さじ2〜3

しょうがのすりおろし　適宜

作り方

1 なすは縞目に皮をむいて3cm幅の輪切りにし、水にさらして水気を拭き取る。牛肉は大きければ食べやすく切る。

2 Aを合わせ、みそが溶けるまでよく混ぜる。

3 深めのフライパンを熱してサラダ油少々を入れ、牛肉をさっと炒め、器に取り出す。

4 同じフライパンになすを入れ、サラダ油を少しずつ足しながら焼きつけるように炒める。

5 ④に牛肉を戻し入れ、Aを加えてなじませたら、落とし蓋をして弱火で15〜20分煮込む。

6 煮上がりに好みでしょうがのすりおろしを加え、煮汁ごと器に盛る。

別々に炒めた牛肉となすを合わせてみそ風味で煮込みます。なすがとろっとなるくらいまで煮ると味もよくからみます

みそのこっくりした味つけがなすと牛肉によく合います。
うちは自家製みそを使っているため、
こうじの粒々が残りますが、それも風味になっています。
なすのどこが好きかと聞かれたら
私は、火を通してとろっとなった食感と答えます。
それを存分に楽しみたいので
ここでは少し大きめに切って炒めてから煮込みます。
冷めてもおいしく、おべんとうにもおすすめです。

れんこん

自然な肌色でふっくらしたものを選び、切り口が変色しているものは避けます。
丸ごと保存する場合は、ぬらした新聞紙で包んでポリ袋に入れ、冷蔵庫へ。

れんこんのピクルス

材料／作りやすい分量

れんこん　600g
赤唐辛子(種を除いたもの)　2本
甘酢
- みりん　1カップ
- 砂糖　大さじ2〜3
- 塩　小さじ2
- 酢　1カップ

生ハム・青じそ・バジルの葉・こしょう・オリーブ油・パルメザンチーズのすりおろし　各適宜

作り方

1. 甘酢を作る。小鍋にみりんを入れて火にかける。沸騰したら火を弱め、３分くらい煮詰める。砂糖、塩、酢を入れ、完全に溶けるまでよく混ぜたら火を止め、冷ます。
2. れんこんは皮をむいて1.5㎝幅の輪切りにし、軽く水にさらす。
3. 鍋に湯を沸かし、れんこんの歯ごたえが残るようにゆで、ざるに上げて水気を拭く。
4. ファスナー付きのポリ袋などにれんこんを入れ、①の甘酢、赤唐辛子を加える。冷蔵庫にしばらく入れ、味をなじませる。
5. ④を皿に盛り、好みで生ハムや青じそ、バジルの葉をのせ、こしょう、オリーブ油、パルメザンチーズをふっていただく。

私はどちらかというと酸味がツーンときいた洋風ピクルスより
甘酢漬けのマイルドな味が好きなので、
れんこんのピクルスもふだんはよく甘酢で漬けています。
厚切りにこだわっているのは、
薄いと味がしみすぎて酸っぱくなるのと
サクサク音を立てて思いっきり食べたいから。
厚ければ好きなように切れて用途も広がり、
刻んでちらしずしに混ぜたり、おいなりさんにもします。

れんこんがワインに
合うって新鮮です

れんこんもち

飲茶で人気の大根もちのれんこん版で、
焼きたてのもちもち感はれんこんならではのおいしさです。
途中、生地をレンジ加熱するのが焼きやすくするコツ。

材料／４人分

干しエビ（乾燥）15ｇ　水¼カップ　れんこん500ｇ　ベーコン２枚　Ａ〈干しエビの戻し汁に水を足したもの½カップ　顆粒鶏ガラスープ小さじ１　紹興酒大さじ１　塩少々〉　Ｂ〈上新粉50ｇ　片栗粉30ｇ〉　ごま油・豆板醬・ラー油酢じょうゆ・香菜各適宜

作り方

1　干しエビは分量の水で戻して、粗く刻む。戻し汁はとっておく。ベーコンは粗いみじん切りにする。

2　れんこんは皮をむき、すりおろして鍋に入れる。

3　②の鍋にＡを入れ、Ｂの粉類を加えてさっくりと混ぜ、①の具を加える。

4　③の鍋を火にかけ、手早く混ぜながら、全体にぽってりとしてきたら火を止める。

5　耐熱皿にクッキングシートを敷いて④をのせ、直径20㎝くらいに広げる。ラップをふわっとかけ、電子レンジで約３分加熱する。粗熱を取り、食べやすい大きさに切り分ける。

6　フライパンにごま油を熱し、⑤の両面を焼きつける。

7　器に盛り、熱いうちに好みで豆板醬、ラー油酢じょうゆ、香菜などを添えていただく。

れんこんと
すき昆布のきんぴら

食感のいいれんこんと海藻が、サラダ感覚でたっぷり食べられます。
うちの息子は小さい頃からずっとこの味が好きで
結婚してからは嫁の美由紀ちゃんが作っています。

材料／４人分

れんこん500ｇ　すき昆布（乾燥）20ｇ　サラダ油大さじ２　A〈しょうゆ大さじ４　だし汁大さじ２　みりん大さじ２　砂糖大さじ1〉　青じそ10枚

作り方

1　れんこんは皮をむいて薄い輪切り、または半月切りにし、水にさらして水気をよくきる。
2　すき昆布は水で戻して水気をよくきり、食べやすい長さに切る。
3　フライパンを熱してサラダ油を入れ、れんこんをすき通るまで強火でよく炒める。
4　③にAを入れて混ぜ、れんこんに味がなじんだら火を止め、すき昆布を加えて手早くあえる。
5　④の粗熱が取れたら青じそを２〜３㎜幅のせん切りにして加え、軽く混ぜて器に盛る。
＊すき昆布は早採りの昆布を細く刻んで板状にすき、乾燥させたもので、水ですぐに戻ります。

煮込みれんこんバーグ

材料／４人分

合いびき肉　300ｇ
れんこん　100ｇ
玉ねぎ　¼個
カリフラワー　½株
にんじん　１本
マッシュルーム　１パック
卵　１個
薄力粉　大さじ２
塩・こしょう　各少々
サラダ油　大さじ½
赤ワイン　¼カップ
デミグラスソース（市販品）　１缶
スープ（顆粒コンソメ小さじ１を湯１カップで溶いたもの）
ローリエ　１枚
中濃ソース　大さじ２
トマトケチャップ　大さじ１

作り方

1 れんこんは皮をむいて８㎜の角切りにし、水にさらして水気をよくきる。玉ねぎは粗みじん切りにする。カリフラワーは小房に分けて切り、かためにゆでる。にんじんは皮をむいて1.5～２㎝幅の輪切り、または半月切りにし、かためにゆでる。マッシュルームは石づきを取る。
2 ボウルに合いびき肉を入れ、卵、薄力粉、塩、こしょうの順に加え、粘りが出るまでよく混ぜる。玉ねぎ、れんこんを加えてさらに混ぜる。
3 ②の生地を８～10等分し、丸く成形する。
4 深鍋にサラダ油を熱し、③を入れて両面にこんがりと焼き色をつける。
5 ④に赤ワインを加えてアルコール分を飛ばす。デミグラスソース、スープ、ローリエを入れる。煮立ったらマッシュルーム、にんじんを加え、アクを取りながら弱火で約10～15分煮る。
6 中濃ソース、トマトケチャップを加え、塩、こしょうで味を調える。最後にカリフラワーを加えて温める。

幅広い味を受け入れてくれるれんこんは
私の中では新しい料理を発想しやすい素材です。
細かく刻んでハンバーグ生地に混ぜたのは
肉の中に歯ごたえのいいものが入るとおいしいと思ったから。
表面を焼いてから煮込むスタイルのハンバーグは
火がしっかり通り、仕上がりもジューシー。
野菜とソースがたっぷりなので、
大好きな雑穀ごはんにかけて食べたりもします。

マグロ

刺身、すし種でも人気のマグロは、さくで買って用途で切り分けるのが便利。
クロマグロが有名ですが、他の種類であればトロ(脂身)でも手頃な値段のものも。

マグロのたたきサラダ

材料／４人分

マグロ(中トロ)　１さく
卵　４個
レタスの葉　２枚
サラダリーフミックス　１パック
カリフラワー(小)　½株
にんにくのすりおろし・塩・
　こしょう　各少々
オリーブ油　大さじ½
和風ドレッシング
- めんつゆ(市販品・
　３倍濃縮タイプ)　¼カップ
- 水　¼カップ
- 酢　大さじ１
- ごま油　少々

マヨネーズドレッシング
- マヨネーズ　½カップ
- 白ワイン　大さじ½
- スープ(顆粒コンソメ少々を
　湯大さじ１で溶いたもの)
- 和がらし　少々
- 薄口しょうゆ・こしょう　各少々

わさび・しょうゆ　各適宜

作り方

1. 温泉卵を作る。卵は室温に戻しておく。鍋に湯を沸かして火を止め、卵を入れて蓋をし、８～10分おく。または広口のポットなどの保温容器に入れて熱湯を注ぎ、蓋をする。
2. レタスは食べやすくちぎり、リーフミックスとともに冷水に放してパリッとさせ、水気をよくきる。カリフラワーは小房に分け、薄く切る。
3. マグロのたたきを作る。マグロはにんにくをすりつけ、軽く塩、こしょうをふる。フライパンにオリーブ油を熱して表面を焼きつける。中はレアでよい。
4. 和風ドレッシング、マヨネーズドレッシングの材料をそれぞれ混ぜ合わせる。
5. ②の生野菜に③のマグロのたたきを食べやすく切って盛り合わせ、①の温泉卵を割ってそっとのせ、④のドレッシング、またはわさびじょうゆでいただく。

下味をつけたマグロはオリーブ油でさっと焼きつけます。表面の色が変わるくらいで、中はレア状態に

刺身の中で私がいちばん好きなのはマグロです。
とくに中トロは家族みんなの大好物。
冷蔵庫にはさくで買ったマグロがたいてい入っています。
わさびじょうゆで食べる刺身ばかりでも飽きるので
マグロをさっと焼いてたたきにし、
たっぷりの野菜や温泉卵を合わせたサラダにしてみました。
刺身で食べるには少ないかなという量でも
これなら足りるので、急なお客様にも便利です。

すし飯が外側になったときにクッキングシートが敷いてあるのでくっつきません。具をのせたら、のり巻きの要領で

中トロとたくあんの裏巻きずし

材料／細巻き６本分

すし飯
- 米　２合
- すし酢（市販品）　大さじ３
- すだちの絞り汁　大さじ１～２

マグロ（中トロ）　１さく（200ｇ）
たくあんのみじん切り　適宜
青じそ　９枚
炒りごま（白・黒）　各適宜
焼きのり　３枚
しょうがの甘酢漬け・すだちまたはゆず・おろしわさび・しょうゆ　各適宜

作り方

1 すし飯を作る。米はかために炊き、大きめのボウルに入れる。すし酢をかけてさっくりと混ぜ、すだちの絞り汁も加える。

2 中トロは刻んでから粗くたたく。青じそは縦半分に切る。焼きのりも半分に切る。

3 巻きすに焼きのりより少し大きめに切ったクッキングシートを敷き、焼きのりをのせる。①のすし飯の⅙量をのりの端まで広げる。これを裏返してのりの面を上にする。

4 中心より少し手前に中トロの⅙量、たくあんのみじん切り大さじ２くらいを芯になるように並べ、青じそ３枚をのせて巻く。巻き終わりを下にして軽く押さえ、巻きすとシートをはずす。

5 平らな皿にごまを広げ、④をおいてゆっくりと転がし、すし飯のまわりにまんべんなくごまをつける。残りも同様に巻く。

6 切り分けて器に盛り、好みでしょうがの甘酢漬けを添える。すだちやゆずを絞りかけ、わさびじょうゆでいただく。

おすし屋さんの巻きずしでは、トロたく巻きが私のお気に入り。
甘みがあって、ほどよく脂ののった中トロと
パリパリしたたくあんの味の組み合わせが最高です。
手巻きにしても細巻きにしてもおいしいので、
私の得意な裏巻きずしに応用してみました。
裏巻きというのは、すし飯が外側になり
具と焼きのりを巻き込んだおすし。
海外の仕事でもたびたび紹介して喜ばれています。
ごまをたっぷりまぶすのが見た目だけではなく味のポイントに。

巻きものの具では
トロたくファン

マグロのつみれ汁

材料／４人分

マグロ（中トロ）　１さく（200ｇ）
山いも　50ｇ
長ねぎの粗みじん切り　½本分
A
- 酒　大さじ½
- 塩・砂糖　各少々
- 片栗粉　大さじ１

ごぼう　⅓本
セロリ　½本
せりまたは三つ葉　適宜
だし汁　６カップ
みそ　大さじ３
みりん　大さじ１
しょうゆ　大さじ½
しょうがのすりおろし　適宜

作り方

1. マグロは刻んでから粗くたたく。山いもは皮をむき、細かく刻んでから軽くたたく。
2. ①をボウルに入れ、長ねぎ、Ａを加えて混ぜる。
3. ごぼうは５㎝長さのせん切りにし、水にさらして水気をよくきる。セロリは筋を取り、５㎝長さのせん切りにする。せりも５㎝長さに切る。
4. 鍋にだし汁を熱し、ごぼうを入れて煮る。
5. ②の生地を４等分し、１人分が大きな１個になるように形をまとめて④に加える。煮立ったらアクを取り、みそを溶き入れ、みりん、しょうゆで調味する。
6. もう一度煮立ったらセロリとせりを加え、火を止める。器に盛り、しょうがのすりおろしを添える。

マグロのつみれは、たたいたマグロ、山いも、長ねぎの粗みじん切りを合わせ、調味料を加えて混ぜたら、人数分に分けて形にします

マグロの種類にこだわらなければ、
今は世界中の海で獲れたものが年中、手に入ります。
手頃なものなら、火を通す料理もちょっと気楽。
マグロのつみれ汁は、中トロをたたいたちょっと贅沢な汁物で、
ふわっとした口当たりは
生で食べるマグロとはまた違ったおいしさです。
赤身ではパサついてしまうこともありますが
脂ののった中トロなら、その分しっとりとなじみます。

大根

葉つきの大根は、根のみずみずしさを保つために葉を早めに切り分けておきます。
首に近い部分はサラダやあえ物、真ん中は煮物、先端は大根おろしなどに。

大根とホタテのサラダ

材料／４人分

大根　⅓本(600ｇ)
ホタテ水煮(小)　１缶
青じそ　10枚
マヨネーズ　¼〜⅓カップ
顆粒鶏ガラスープ　少々
塩・こしょう　各適宜

作り方

1　大根は皮をむき、５㎝長さのせん切りにする。ボウルに入れ、軽く塩をふって混ぜ、しばらくおいてしんなりしたら水気をしっかり絞る。
2　ホタテは缶から出してざるに上げ、汁気をきる。青じそは縦半分に切ってせん切りにする。
3　大根とホタテをほぐして混ぜ、マヨネーズであえる。顆粒鶏ガラスープ、塩、こしょうで味を調え、青じそを加える。
＊時間がたって水気が出てきたら、軽くきって調味し直します。

大根ほど身近で、使い勝手のよい野菜もそうはありません。
うちの夫が必ずリクエストするレシピも大根の手軽なサラダです。
大根はせん切りにし、塩でしんなりさせたら水気を絞り、
ほぐした缶詰のホタテと合わせてマヨネーズなどで調味し、
青じそのせん切りを食べる直前に混ぜるだけ。
このときのホタテは缶詰でないと、なぜかこの味が出せません。
さっぱりしているけどコクもあって酒のつまみにもぴったりです。

揚げ魚のおろし煮

材料／2人分

切り身魚（カレイなど）　2切れ
大根おろし　1～1½カップ
塩　少々
片栗粉　適宜
揚げ油　適宜
A
- だし汁　½カップ
- しょうゆ　大さじ3
- みりん　大さじ2
- 砂糖　大さじ1

万能ねぎの小口切り　適宜

作り方

1 大根は皮をむき、すりおろす。
2 鍋にAを合わせて温めておく。
3 切り身魚は水気を拭き、塩を軽くふってから片栗粉を薄くまぶし、熱した油でカリッと揚げ、中まで火を通す。
4 ②に揚げたての魚を入れ、大根おろしの水気を軽くきって加え、さっと混ぜる。
5 器に盛り、好みで万能ねぎをちらす。

温めた汁に揚げたてのカレイを入れ、大根おろしを加えて汁とあえます。汁を熱しないほうが大根おろしの栄養価は高い

おそば屋さんのメニューにおろしそばがあるように
だしのきいた甘辛い煮物に大根おろしを加えてもよく合います。
揚げ魚のおろし煮は、ここではカレイをカリッと揚げて
甘辛の煮汁を含ませ、大根おろしをからめたもの。
大根おろしの白さを生かすなら、上にたっぷりのせるだけでも。
みずみずしさが加わって、ごはんが進みます。
大根のおろし方も好みですが、
鬼おろしを使って粗くすりおろせば水っぽくなりません。

大根おろしが
もうひとつの調味料

大根の土佐酢マリネとサーモンの昆布じめ

だしのうまみがきいた土佐酢が大根にしみてさっぱりした味わい。
サーモンの昆布じめと交互に食べてみると
口の中に残った脂がすっきりして、両方がおいしく感じられます。

材料／2人分

●サーモンの昆布じめ
サーモン(刺身用)1さく　だし昆布適宜

●大根の土佐酢マリネ
大根6㎝長さ(350g)　塩小さじ⅓　玉ねぎ¼個　A〈だし汁1カップ　酢大さじ4　砂糖大さじ2　薄口しょうゆ大さじ2　塩少々〉　しょうがのせん切り1片分　赤唐辛子小口切り1～2本分　おろしわさび・おろししょうが・すだち・しょうゆ各適宜

作り方

1　サーモンの昆布じめを作る。昆布はサーモンの大きさに合わせて切り、さっと水洗いして、水気を拭く。サーモンをはさんでラップで包み、冷蔵庫に入れて3～4時間おく。

2　大根の土佐酢マリネを作る。大根は皮をむき、6㎝長さの短冊切りにしてボウルに入れ、塩をまぶしてしばらくおく。しんなりしたら水気をよく絞る。玉ねぎは薄切りにし、水にさらして水気をよくきる。

3　Aを合わせてマリネ液を作り、大根、玉ねぎとしょうが、赤唐辛子を加えて混ぜ、冷蔵庫にしばらくおいて味をなじませる。

4　サーモンの昆布じめは薄切りにして器に盛り、好みでわさび、おろししょうが、すだち、しょうゆを添える。大根の土佐酢マリネは別の器に盛り、サーモンと交互にいただく。

大根の豚汁

大根もにんじんも里いももゴロゴロに大きく切ると
汁物というより、煮物のような感覚で食べ応えがあります。
豚肉は肩ロースの薄切りで汁にうまみを出します。

材料／４人分

大根500ｇ　にんじん１本　里いも(小)４個　豚肩ロース薄切り肉150ｇ　厚揚げ１枚　だし汁６カップ　みそ大さじ５～６　長ねぎの小口切り(水にさらしたもの)・七味唐辛子各適宜

作り方

1 大根は皮をむき、２㎝幅のいちょう切りにする。にんじんも皮をむき、1.5㎝幅の輪切り、または半月切りにする。里いもは皮をむき、１個を４等分に切る。
2 大根とにんじんはまとめて、里いもは別にしてそれぞれ軽く下ゆでする。
3 豚肉は２～３等分に切る。厚揚げは熱湯で油抜きしてから12等分に切る。
4 鍋にだし汁を煮立て、大根とにんじんを入れて少し煮る。豚肉と里いもを加え、再び煮立ったらアクを取る。さらに少し煮て野菜がやわらかくなったら厚揚げを加え、みそを溶き入れる。
5 器に盛り、長ねぎをのせ、好みで七味唐辛子をふる。

わかめ

みそ汁の具に欠かせないわかめ。春先は新物も出回ります。
食感が残るくらいに水で戻したら、水気をよく絞って調理します。

わかめうどん

材料／4人分

わかめ(戻したもの)　300g
ごま油　大さじ2
しょうゆ　大さじ2
みりん　大さじ1
和風だしの素　少々
めんつゆ
- だし汁　5カップ
- 薄口しょうゆ　大さじ3
- 砂糖　大さじ1
- 酒　大さじ1
- みりん　大さじ2
- 塩　小さじ1強

ゆでうどん　3玉
長ねぎの小口切り(水にさらしたもの)・しょうがのせん切り・削りガツオ・七味唐辛子　各適宜

作り方

1. わかめは2～3cm長さのザク切りにする。
2. フライパンにごま油を熱してわかめをさっと炒め、しょうゆとみりんを合わせて加え、火を止める。手早く味をからめて、だしの素を加えて味を調える。
3. めんつゆを作る。鍋にだし汁を熱し、調味料を加える。
4. うどんを温めて器に入れ、熱いめんつゆを注ぎ、②のわかめを適量のせる。長ねぎ、しょうが、削りガツオをのせ、七味唐辛子をふっていただく。

わかめを手早くごま油で炒め、しょうゆとみりんで調味します。たけのこを組み合わせて炒めればごはんのおかずにもなります

わかめを水で戻したときの透明感や、火を通すと色がさえる瞬間。
しょっちゅう使ってよく知っていても、きれいだなと思います。
うちで常備しているのは鳴門の塩蔵わかめと灰干しわかめ。
それと天然物の素干しわかめが
実家の母から毎年、春先にまとめて届きます。
水で戻したらつけっぱなしにしないで、すぐ水気を絞るのがコツ。
わかめをごま油で炒め、素うどんにのせたわかめうどんは
パッと作れて、小腹がすいたときにおすすめです。

わかめ、たけのこ、カニクリームのレンジグラタン

材料／4人分

わかめ(戻したもの)　150g
ゆでたけのこ(小)　3個
カニの身(ゆでたもの)　100g
ホワイトソース
- バター　大さじ3
- 薄力粉　大さじ3
- 牛乳　2カップ
- 生クリーム　¼カップ
- 顆粒コンソメ　小さじ1
- 塩・こしょう　各少々

ピザ用チーズ　100〜150g

作り方

1 わかめは5〜6㎝長さのザク切りにする。たけのこは厚めのくし形に切る。
2 カニの身は殻から出し、軟骨を除き、大きくほぐす。
3 ホワイトソースを作る。フライパンにバターを溶かし、薄力粉をふり入れ、焦がさないように炒める。牛乳を少しずつ加えて溶きのばし、なめらかになってきたら生クリームを加えて混ぜながら少し煮て、顆粒コンソメ、塩、こしょうで味を調える。
4 火を止め、カニの身、わかめを加えて軽くあえる。
5 2人分の耐熱容器に半量のたけのこを入れ、④をかける。ピザ用チーズをさらに粗く刻んで表面にたっぷりとのせ、ラップをふわりとかけ、電子レンジで約4分加熱する。残りも同様にする。

うちでは朝のみそ汁に始まり、サラダ、酢の物、刺身のつま、
麺の具、炒め物。春なら新たけのこと煮物にしたり、
グラタンにしたりと、わかめを食べない日はないくらいです。
和風ばかりでなく、洋風にも楽しめるのがわかめの魅力。
このレンジグラタンは、ホワイトソースで
カニとわかめをやさしくあえてたけのこにかけ、
焼くのではなく、あつあつに温めていただくレシピです。

シチューとグラタンの
中間みたい

わかめ、鶏肉、厚揚げの煮物

材料／４人分

わかめ（戻したもの）　200ｇ
鶏モモ肉　１枚
厚揚げ　２枚
だし汁　２カップ
しょうゆ　大さじ５
砂糖　大さじ１
酒　大さじ１
みりん　大さじ４

作り方

1 わかめは３～４㎝長さのザク切りにする。

2 鶏肉はひと口大に切る。厚揚げは熱湯で油抜きし、水気をきって１枚を６等分にする。

3 鍋にだし汁を熱し、しょうゆ、砂糖、酒、みりんを加える。煮立ったら鶏肉、厚揚げの順に加え、しばらく煮て、煮汁が半量くらいになったらわかめを加え、なじんだところで火を止める。

わかめを加えるタイミングはほぼ煮上がり近く。残った煮汁になじませるように浸し、すぐに火を止めると食感が残ります

海藻が驚くほどたくさん食べられるうちの定番といえば、
ひとつは「れんこんとすき昆布のきんぴら」(P.43)、
もうひとつがこの「わかめ、鶏肉、厚揚げの煮物」です。
ポイントは、煮汁をわかめに含ませたら煮すぎないこと。
さっと水洗いしてすぐ使える塩蔵わかめがふだんは便利ですが、
乾燥わかめも使い慣れれば手軽さは同じ。
このほうが戻したときの香りが立つような気がして
煮物に入れたときもしっかりした味を感じます。

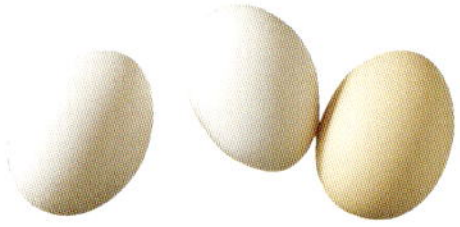

卵

料理からお菓子づくりまで卵の用途は幅広く、毎日の食卓に欠かせません。
保存はとがったほうを下にして、温度変化を避けるために冷蔵庫に入れます。

半熟卵のサラダ

材料／4人分

卵　4個
グリーンアスパラガス
　1束(180g)
スナップえんどう
　1パック(150g)
塩　少々
パルメザンチーズ・バジルソース
　(市販品)・削りガツオ・
　しょうゆ　各適宜

作り方

1 卵は室温に戻しておく。鍋に湯を沸かして火を止め、卵を入れて蓋をして約8分おく。蓋がない場合はアルミ箔でしっかり蓋をする。または広口ポットなどの保温容器に入れて熱湯を注ぎ、蓋をする。

2 アスパラは根元のかたい部分とはかまを取る。スナップえんどうは筋を取る。それぞれ沸騰した湯に塩を入れてゆでる。冷水に取り、水気をよくきる。

3 アスパラにはパルメザンチーズのすりおろしをかけ、半熟卵に好みでバジルソースを混ぜたソースをつけていただく。スナップえんどうには削りガツオとしょうゆをかけ、これは半熟卵だけであえる。好みでパンを添える。

鍋に沸かした湯の中に常温に戻した卵をつけ、ゆるい半熟卵を作ります。蓋のない鍋の場合はアルミ箔でおおいます

炊きたてのごはんに卵を落とし、ちりめん山椒やもみのり、
刻んだしば漬けなどをのせて、しょうゆをちらっとかける
卵かけごはんは、私がいちばん好きな卵の食べ方です。
シンプルといえば、温泉卵と同じ要領で作る半熟卵も
ゆで野菜を手軽にちょっとおしゃれに食べたいときに便利。
とろりとした卵黄はそのままで立派なソースです。
数種類の生野菜やゆでたソーセージなどを組み合わせて
もっとボリュームを出すこともできます。

煮豚と煮卵

材料／4人分

卵　6個
豚肩ロース肉（かたまり）　400g
にんじん（大）　½本
ゆでたけのこ　1個
さやいんげん　80g
サラダ油　少々
しょうゆ　½カップ
酒　¼カップ
砂糖　大さじ1
長ねぎの青い部分　適宜
しょうが（つぶしたもの）　1片分
和がらし　適宜

作り方

1　卵はゆでて殻をむく。豚肉は3〜4㎝角に切る。
2　にんじんは皮をむき、2〜3㎝幅のいちょう切り、または半月切りにする。たけのこはにんじんと同じくらいの大きさに切る。さやいんげんは筋を取り、半分の長さに切ってゆでる。冷水に取り、水気をきる。
3　フライパンにサラダ油を熱し、豚肉を入れて表面を色よく焼く。余分な脂をキッチンペーパーで拭き取り、肉が隠れるくらいの水を加えて強火にする。
4　煮立ったらアクを取り、しょうゆ、酒、砂糖、長ねぎ、しょうがを加えて火を弱め、落とし蓋をして30分くらい煮る。
5　蓋を取り、ゆで卵、②の野菜を順に入れ、さらに10分くらい煮る。
6　火を止め、そのまましばらくおいて味を含ませる。
7　卵は半分に切り、豚肉や野菜と器に盛り合わせる。好みで和がらしを添える。

煮豚を作るとき、おまけのつもりで入れるゆで卵が
いつも人気で先になくなってしまうから
最初から多めに煮ればいいと気づきました。
豚肉はほどよく脂身の混ざった肩ロースが煮込み向き。
30分ほど煮てやわらかくなったらゆで卵を加え、
野菜も加えてこっくりと煮含めます。

肉より卵がいつも
先になくなります

とろとろプリンゼリー

材料／大・小カップ6〜10個分

卵　2個

卵黄　2個分

砂糖　40g

牛乳　1½カップ

A

- 粉ゼラチン　1袋（5g）
- 水　大さじ2

生クリーム　½カップ

バニラエッセンス　少々

カラメルソース

- 砂糖　50g
- 水　小さじ1
- 湯　¼カップ

作り方

1　Aのゼラチンは分量の水にふり入れ、軽く混ぜてふやかす。

2　ボウルに卵と卵黄を入れ、砂糖を加えて泡立て器でよくすり混ぜる。

3　鍋に牛乳を入れて火にかけ、沸騰する手前で火を止めて、①のゼラチンをゴムベラで残さず加え、よく混ぜて溶かす。

4　②に③を加えてよく混ぜる。一度こしてなめらかにし、そのまま粗熱を取る。

5　④のボウルを氷水に当て、生クリームとバニラエッセンスを加え、軽くとろみがつくまで混ぜながら冷やす。

6　器に流し、冷蔵庫で冷やし固める。

7　カラメルソースを作る。小鍋に砂糖と水を入れて弱火にかける。揺り動かしながら茶色く色づいてきたら火を止め、湯を加えて混ぜ、冷ます。

8　⑥のプリンにカラメルソースをかけていただく。

やわらかな食感を出すためにゼラチンの量は固まるぎりぎりです。ゴムベラできれいに残さず加えて、よく溶かします

口に入れると、とろけていくプリンゼリー。
焼くプリンとはひと味違う、うちの人気デザートです。
生地のコクを出すため、卵にさらに卵黄をプラス。
ポイントはやっと固まるくらいのゼラチンの量。
だからこのプリンはグラスに直接流し込んで
冷やし固めたらそのままサーブします。
カラメルソースは、各自が好きなだけかけられるように
別に作って添えました。

第
2
章

頼りになる３つの買いおき野菜

多くの家庭で季節を問わず、たいてい常備しているのが、じゃがいも、にんじん、玉ねぎの３大野菜です。カレーやポテトサラダ、煮物といった、それぞれのうちの味を出すにも欠かせない存在。小さなおかずやごはんものにも応用がきき、いつも頼りにしています。

お嫁さんの実家が北海道なので
じゃがいものおいしい季節になると送ってもらいます。
近郊でじゃがいも作りをする知り合いもいるので、
とくに身近な野菜です。
ふだんは英字新聞を敷いたかごに入れ、
キッチンの目につくところにおいています。
やっぱり新しいうちのほうが、ポテトサラダにしても
ニョッキにしても、みずみずしいおいしさがあります。
少し古くなったものには、それに合った食べ方があって
私は濃いめの味のきんぴらなどによくします。

にんじんは丸ごと１本使うレシピを覚えておいて
余っていたら、にんじんのピクルスや
にんじんとツナのサラダなどに使っています。

玉ねぎがなかったら私の大好きなハンバーグ、
牛丼、親子丼、カレー、オムライスなどが作れません。
甘みや歯ざわりをプラスして、ほかにない味を出してくれる素材です。
保存は蒸れないようにじゃがいも同様、かごに入れています。

この３つの野菜はきらしていると不安になるくらい、
いつも頼りにしている、うちでは欠かせない素材です。

じゃがいも

選ぶときはふっくらとして皮にハリがあり、持って重みのあるものがおすすめ。
ゆでるときは水からが基本。電子レンジを利用すればもっと手軽です。

じゃがいものニョッキ、レンジトマトソース

材料／4人分

●じゃがいものニョッキ
じゃがいも　2個(正味200g)
バター　大さじ3
A
- 強力粉　50g
- 薄力粉　50g

塩　少々

●レンジトマトソース
- 玉ねぎの細かいみじん切り　大さじ4
- にんにくの細かいみじん切り　小さじ2
- オリーブ油　大さじ3
- ホールトマト　1缶(400g)
- バジル　2本
- 顆粒コンソメ　小さじ1
- 塩・こしょう　各少々

パルメザンチーズ・粗びきこしょう・バジルの葉　各適宜

作り方

1 レンジトマトソースを作る。耐熱ボウルに玉ねぎとにんにくを入れ、オリーブ油をかけてラップをし、電子レンジで約4分加熱する。トマトをつぶして缶汁ごと加え、ラップをしないでさらに約7分加熱する。熱いうちにバジルを加え、顆粒コンソメ、塩、こしょうで調味する。

2 ニョッキを作る。じゃがいもは皮をむいて4つ割りにし、水にさらして水気をよくきる。キッチンペーパーを敷いた耐熱ボウルに入れ、ラップをして電子レンジで約4分加熱する。ペーパーをはずし、じゃがいもが熱いうちになめらかにつぶし、バターを加える。

3 ②にAの粉をふるい入れ、塩をふってよく練り混ぜる。生地を2等分してそれぞれを棒状にのばし、2〜3㎝幅に切る。表面をフォークで軽くつぶして格子状に筋目をつける。

4 鍋にたっぷりの湯を沸かし、③をゆでる。浮き上がってきたらざるに上げる。

5 器にゆでたての④のニョッキを盛り、熱い①のトマトソースをかける。パルメザンチーズ、粗びきこしょうをおろしかけ、バジルの葉を添える。

ニョッキは、ゆでたじゃがいもやかぼちゃをつぶし、
小麦粉をつなぎにしたパスタの一種です。
作ってみると意外に簡単。
仕上がりもおしゃれなのでお客様のときも役立ちます。
ゆでたてのあつあつをトマトソースで食べたり
パルメザンチーズや好みのハーブ、バターをからめたり。
このトマトソースは手軽に作れて便利です。

甘辛粉ふきいも

バターがコクを出す、ちょっと洋風な粉ふきいも。
食卓の箸休めなら砂糖としょうゆは同量くらい、
おやつなら砂糖を少し多めにして味を加減します。

材料／４人分

じゃがいも５個（約600ｇ）　しょうゆ大さじ２　砂糖大さじ２～２½　バター大さじ１

作り方

1 じゃがいもは皮をむいて４つ割りにし、水にさらしてやわらかくゆでる。
2 鍋にしょうゆと砂糖を入れ、煮立ったらゆでたての①のじゃがいもを加え、汁気をからめながら煮含める。
3 汁気がなくなったらバターを加え、全体にからめる。

バター風味の甘辛味が懐かしい

材料／4人分

じゃがいも3個　セロリ1本　長ねぎ1本　にんにく2片　銀ダラの切り身2切れ　A〈塩・こしょう各少々　酒大さじ½〉　スープ〈水4カップ　顆粒コンソメ小さじ1〉　ローリエ2枚　牛乳1カップ　ドライハーブミックス適宜　塩・こしょう各少々

作り方

1 じゃがいもは皮をむいて7～8㎜幅の輪切りにし、水にさらして水気をよくきる。
2 セロリは筋を取り、長ねぎとともに7～8㎜幅の小口切りにする。にんにくはつぶす。
3 銀ダラは1切れを4～5枚のそぎ切りにし、Aで下味をつける。
4 鍋にスープを煮立て、じゃがいも、セロリ、長ねぎ、にんにく、ローリエを入れて煮る。
5 じゃがいもがやわらかくなったら③の銀ダラを加える。アクが出たら取り、ハーブミックスをふる。
6 牛乳を加えて少し煮て、塩、こしょうで味を調える。

銀ダラと じゃがいものスープ

じゃがいもと脂ののった銀ダラの組み合わせが私は好きで
よくスープやコロッケの具に応用しています。
たっぷりの牛乳で仕上げたスープは、ほっとする家庭の味です。

五色きんぴら

材料／4人分

じゃがいも　1個（120g）
にんじん　½本（80g）
さやいんげん（細め）　100g
さつま揚げ　2枚
切り昆布（生）　250g
サラダ油　大さじ1
A
- 砂糖　大さじ1
- みりん　大さじ1
- しょうゆ　大さじ5

作り方

1 じゃがいも、にんじんは皮をむいて細切りにし、じゃがいもは水にさらして水気をよくきる。
2 さやいんげんは筋を取り、長さを3等分する。さつま揚げも同じ幅くらいに切る。切り昆布は食べやすい長さに切る。Aを合わせておく。
3 耐熱容器にキッチンペーパーを敷いてじゃがいも、にんじん、さやいんげんを合わせて平らにのせ、ラップをかけて電子レンジで約2分30秒、軽く加熱する。
4 フライパンにサラダ油を熱し、③の野菜を入れてさっと炒めたらさつま揚げを加える。
5 Aの調味料を加えて炒め合わせ、火を止めて切り昆布を加え、手早く混ぜて味をなじませる。

シャキシャキしたじゃがいもの食感が楽しめる一品です。
野菜に海藻、さつま揚げを加えた5種類の具が入ると
味も彩りも自然とよくなり、つい箸が伸びます。

ハッシュドブラウンポテト

材料／1枚分

じゃがいも　3個
薄力粉　大さじ1
バター・サラダ油　各大さじ1½
塩・こしょう　各少々
トマトケチャップ・マスタード
　各適宜

作り方

1 じゃがいもは皮をむいて細いせん切りにする。水にさらさずボウルに入れ、薄力粉をふり入れ、全体にまぶす。
2 フライパンにバター、サラダ油の各半量を熱し、①のじゃがいもを平らに広げ、軽く塩、こしょうをふって焼く。焼き色がついたら残りのバター、サラダ油を足して裏返し、塩、こしょうをふって同様に焼く。
3 じゃがいもに火が通り、カリカリに焼けたら器に盛る。切り分けて、好みでトマトケチャップやマスタードをつけていただく。

じゃがいもは水にさらさずにでんぷん質を残し、
さらに薄力粉を混ぜるとまとまってカリッと薄く焼けます。
目玉焼きをのせて朝食にしたり
ステーキのつけ合わせ、子どもたちのおやつにも。

にんじん

生はサラダやピクルスに、加熱調理は炒め物、煮物、汁物などに活用。
鮮やかな色みが食卓に彩りを添えてくれます。保存は水気を拭いて冷蔵庫へ。

にんじんと豚肉の煮物

材料／４人分

にんじん(大)　１本(300g)
豚バラ薄切り肉　100g
A
- だし汁　１カップ
- しょうゆ　大さじ２
- 砂糖　大さじ２
- みりん　大さじ２

作り方

1. にんじんは皮をむき、1.5〜２㎝幅の輪切りにする。豚肉は長さを半分に切る。
2. フッ素樹脂加工のフライパンを熱し、豚肉を１枚ずつ広げて焼き、取り出す。
3. 鍋にA、にんじんを入れ、その上に豚肉をのせて火にかける。
4. 煮立ったら落とし蓋をして、煮汁が少なくなるまで煮る。そのまま少しおいて味を含ませる。

煮物にすれば、にんじん丸ごと１本使いきれて、
野菜をたっぷり食べている安心感も持てます。
大きく切ったにんじんの上に豚肉をのせる煮方は
豚肉がだしにならず、両方おいしく食べるひと工夫です。

にんじんのピクルス、タコのカルパッチョ風

材料／４人分

にんじん(大)　１本
しょうが(大)　１片
A
- すし酢(市販品)　½カップ
- 酢　½カップ
- 砂糖　大さじ１
- 薄口しょうゆ　小さじ½

タコの足(ゆでたもの)　適宜
パルメザンチーズ・オリーブ油・粗びきこしょう　各適宜

作り方

1. にんじんは皮をむき、５〜６㎝長さのせん切りにする。しょうがもせん切りにする。
2. Aを合わせた漬け汁に①を入れ、しばらく冷蔵庫で味をなじませる。
3. タコは薄切りにする。
4. 器に②を敷き、タコをのせ、パルメザンチーズをおろしかけ、オリーブ油と粗びきこしょうをふっていただく。

にんじんをせん切りにしてしょうが風味のピクルスに。
タコと一緒にいただきますが、この取り合わせが絶妙です。
野菜のせん切りは、切れ味のいい包丁がかぎ。
サクサク切れたら、きっとせん切りが好きになります。

にんじんごはん

材料／４人分

米　２カップ

A

- 薄口しょうゆ　大さじ１
- みりん　大さじ１
- だし汁　適宜
- 塩　少々

牛切り落とし肉　150ｇ

にんじん　１本

サラダ油　少々

B

- しょうゆ　大さじ２
- みりん　大さじ２
- 砂糖　大さじ１½

粗びきこしょう・もみのり
　各適宜

作り方

1 米はといでざるに上げる。
2 Aの薄口しょうゆ、みりんにだし汁を加えて２カップに計量し、塩を入れる。
3 炊飯器に①の米と②を入れて炊く。
4 牛肉は２cm角に切り、にんじんは皮をむき、1.5cm角の薄切りにする。
5 フライパンにサラダ油を熱し、牛肉を炒める。肉の色が変わったらにんじんを加えてさっと炒め合わせ、Bの調味料を加え、煮汁がほとんどなくなるまで煮からめる。
6 ごはんが炊き上がったら⑤を加え、さっくりと混ぜ合わせる。
7 器に盛り、好みで粗びきこしょうをふり、もみのりをのせる。

甘辛味に煮た牛肉の混ぜごはんです。
最近のにんじんは生でもくせが少ないせいか、
苦手な人も減った気がしますが、これならさらに食べやすいはず。
私は焼きのりに少しのせて巻いて食べるのが好きです。

にんじんとハーブのスープ

材料／４人分

にんじん　１本

マッシュルーム　１パック

玉ねぎ　¼個

セロリ　½本

鶏モモ肉　½枚（100ｇ）

ハーブ

- バジル・イタリアンパセリ
  各３～４本
- タイム　３～４枝

オリーブ油　大さじ３

水　６カップ

顆粒コンソメ　大さじ１

塩・こしょう　各少々

作り方

1 にんじんは皮をむき、５mm角に切る。マッシュルームは石づきを除き、玉ねぎとともに５mm角、セロリは筋を取って５mm角にそれぞれ切る。
2 鶏肉は１cm角に切る。
3 ハーブはかたい軸を除き、細かく刻む。
4 鍋にオリーブ油大さじ１を熱し、②の鶏肉を炒める。残りの油を足しながら①の野菜を炒める。
5 水と顆粒コンソメを加え、煮立ったらアクを取り、火を弱める。③のハーブを入れ、20～30分煮込み、塩、こしょうで調味する。

細かく刻んだ野菜がいっぱい、ハーブをきかせた味つけは
私にとってはちょっと外国の味がするスープ。
冷蔵庫の片づけをかねて、にんじんをはじめ、
残り野菜を取り合わせて作っています。

ごはんにもスープにも
いい味、出ています

玉ねぎ

玉ねぎは表皮がパリッと乾いていて、ツヤのよいものを選びます。
繊維に直角に切ると短時間でやわらかくなり、煮物が手早くできます。

牛丼

材料／４人分

牛切り落とし肉　500ｇ
玉ねぎ　４個(800ｇ)
白ワイン　２カップ
水　１カップ
しょうゆ　¾カップ
みりん　¾カップ
砂糖　大さじ４～５
ごはん・紅しょうが・白菜漬け
　各適宜

作り方

1 玉ねぎは皮をむき､縦半分に切ってから繊維を切るように１㎝幅に切る。
2 牛肉は大きければ切る。
3 鍋に白ワインと水を入れて火にかけ、煮立ったら牛肉を広げるようにして加える。アクが出たら取り、火を弱めて10分くらい煮る。
4 しょうゆ、みりん、砂糖を加え、落とし蓋をしてさらに10分くらい煮る。
5 ①の玉ねぎを加え、玉ねぎが透き通ってやわらかくなるまで煮る。
6 器にごはんを盛り、⑤を汁ごとのせ、好みで紅しょうが、白菜漬けを添える。

たっぷりの玉ねぎと白ワイン使いがポイントになる
うちのジューシーな牛丼です。
玉ねぎのとろっとやわらかな煮上がりは、
繊維を断ち切るように横に切って火を通しているから。
いつもあとで、もっと多く入れればよかったと思います。
食べ盛りの子どもたちがいるときは
手頃な切り落とし肉をどっさり入れて作りますが、
夫と２人分ならちょっといい切り落とし肉で
半量を作るのもいいと思います。

鮭の南蛮漬け

材料／４人分

生鮭の切り身(大)　３切れ
玉ねぎ　１個
セロリ　１本
にんじん　½本
A
- だし汁　１カップ
- 酢　¾カップ
- 砂糖　大さじ４
- しょうゆ　大さじ３
- 塩　少々

ゆずまたはレモン汁　大さじ２
赤唐辛子の小口切り　２本分
しょうがのせん切り　１片分
塩・こしょう　各少々
薄力粉　大さじ３
揚げ油　適宜

作り方

1 鮭は食べやすい大きさに切り分ける。
2 玉ねぎは皮をむき、縦半分に切ってから薄切りにする。セロリは筋を取り、にんじんとともに４～５cm長さのせん切りにする。
3 Ａを合わせて漬け汁を作り、ゆずまたはレモン汁を加える。
4 鮭に軽く塩、こしょうをして薄力粉をまぶし、熱した揚げ油でカリッと揚げる。油をきり、熱いうちに③に漬ける。
5 ②の野菜、赤唐辛子、しょうがを加える。あればゆずの皮を薄く削って加え、しばらくおいて味をなじませる。

南蛮漬けは作ってから数日間、おいしく食べられるので
私が家を留守にするときは、夫のためによく常備しています。
薬味の野菜が多すぎるのではと思われるかもしれませんが、
玉ねぎやセロリ、にんじんはたっぷり入れるのがポイント。
生の玉ねぎには肉や魚の臭みを消す働きもあるけれど、
ここでは甘酢風味がおいしい、せん切り野菜のサラダ感覚。
素揚げした鮭のつけ合わせのように楽しんでみてください。
鮭を小アジやサバ、鶏肉などに替えるバリエーションも。

玉ねぎは薬味より
つけ合わせのサラダ

オニオングラタンスープ

材料／4人分

玉ねぎ　2個（400g）
バター　大さじ1
オリーブ油　大さじ1
にんにくのみじん切り　1片分
水　5カップ
顆粒コンソメ　大さじ1½
塩・こしょう　各少々
バゲット・パルメザンチーズ
　各適宜

作り方

1. 玉ねぎは皮をむき、縦半分に切ってから薄切りにする。
2. 深めのフライパンにバターとオリーブ油を熱し、玉ねぎを中火で手早く混ぜながら水分を飛ばすように炒める。
3. 弱火にして、玉ねぎがあめ色になるまでゆっくりと炒める。途中でにんにくのみじん切りも加えて炒める。
4. ③に水と顆粒コンソメを加え、煮立ったらアクを取り、少し煮て塩、こしょうで味を調える。
5. バゲットは1cm幅に切り、トーストする。
6. ④を器に盛り、⑤をのせ、パルメザンチーズをおろしかけ、熱いうちにいただく。

玉ねぎをじっくり炒めてあめ色に。全体に広げながら均一に火を通すように炒めると早く色づきます

伝統のオニオングラタンスープの味わいはそのまま、
濃厚な食感を少し軽くして、飲みやすさにこだわりました。
玉ねぎをじっくりあめ色になるまで炒めるのが、
このスープをおいしく作る一番のポイントです。
ここだけていねいにすれば、あとは簡単。
ハフハフいいながらいただくのが
このスープの醍醐味ですから、
小さな土鍋や直火にかけられる器で作って食卓に出せば、
みんなでよりあつあつが楽しめます。

第3章

春夏秋冬、楽しみな味

一年中手に入りやすい素材に対し、その季節にならないと出回らなかったり、本来の味にならない素材もあります。春のたけのこから冬の里いもまで、比較的取り入れやすい旬の味をご紹介しましょう。若い人たちにも食卓で季節を感じてもらえたらうれしいです。

Spring 春

Summer 夏

Autumn 秋

Winter 冬

春は私が大好きな季節です。
新たけのこやうど、根三つ葉やふきなどが店先に並ぶと、
季節の芽吹きを見つけたようでうれしくなります。
とくに新たけのこはこの季節ならではのもの。
新鮮なうちにゆでて調理してみると
その香りや歯ざわりは格別なものがあります。

夏の野菜は豊富。今ではいつでも手に入る
きゅうりやトマト、なす、ピーマンなども、本来は夏が旬です。
その中でやっぱり、暑い夏が似合うのは
ゆでたてのおいしい枝豆やとうもろこし。
冷えたビールと一緒に楽しみたい味です。

秋から冬は、魚介も充実。その先頭をきるのがサンマです。
シンプルな塩焼きや香味煮は新米のごはんにぴったり。
栗は皮をむくのがちょっと面倒ですが
１年に１回のことだと思うと、買わずにはいられません。
お正月をはさんで冬はおもちをよく食べます。
お雑煮はうちでは冬の汁物の定番です。
ねっとりした里いもも寒い季節の滋味そのもの。

日本の四季の素材をもう一度思い出して
旬に敏感でいると、食卓がもっと豊かになるはずです。

春

ゆっくりと土の中で力を蓄えるたけのこやうど。
ひと手間かけても味わいたい春の香りと歯ざわりです。

たけのこ

一般的な孟宗竹のたけのこは３月末から５月頃が旬です。
汁物やあえ物には穂先部分の薄切りを、煮物は根元部分のやや厚切りを。

たけのこのごま汁

材料／４人分

ゆでたけのこ
（穂先のやわらかい部分） 150ｇ
だし汁　４カップ
みそ　大さじ４
練りごま　大さじ４
粉山椒　適宜

作り方

1 たけのこは穂先のやわらかい部分を３～４㎝長さの薄切りにし、水気をよく拭く。
2 鍋にだし汁を温め、たけのこを入れ、ひと煮立ちしたらみそを溶き入れ、火を止める。
3 練りごまに②の汁を少し加えて溶かしてから、鍋に加えて混ぜる。
4 器に盛り、粉山椒をふる。

桜便りと前後して私の大好きな季節がやってきます。
知り合いから段ボール箱で掘りたてのたけのこが届くと、
うち中の大鍋を総動員してゆでる、ゆでる、ゆでる。
冷めるのを待ち構え、ごはんに炊き込んだり、焼いたり炒めたり、
土佐煮、ごま汁、マリネと、うちではたけのこ三昧です。
ごま汁は、ごまの風味とコクを加えたみそ汁の一種で
私が子どもの頃から親しんできた、母ゆずりの味。
いろいろな具のみそ汁、煮物に応用できますが
この季節はなんといってもたけのこのごま汁が一番です。

たけのこは先端を斜めに切り落とし、切り込みを入れて米ぬかと赤唐辛子を加えてやわらかくなるまでゆでます。そのまま一晩おいてから皮をむき、保存は水につけて冷蔵庫へ

春

たけのこのマリネ

材料／４人分

ゆでたけのこ
（穂先のやわらかい部分） 200ｇ
生ハム・木の芽・
パルメザンチーズ　各適宜
オリーブ油　大さじ１～２
塩・粗びきこしょう　各少々
レモン汁　適宜
グリッシーニ　適宜

作り方

1 たけのこは穂先のやわらかい部分を３～４㎝長さの薄切りにし、手で軽く水気を絞る。
2 生ハムは食べやすい大きさにちぎる。木の芽は粗く手でちぎる。
3 ボウルに①を入れ、オリーブ油、塩、粗びきこしょう、レモン汁の順に加えて混ぜる。
4 ③に②を加え、パルメザンチーズをふって混ぜ合わせ、器に盛る。好みでグリッシーニを添える。

以前、外国で「たけのこの味と似ている」と思った野菜が
アーティチョークでした。
春先に新物が出回り、ゆでて食べるところも似ています。
そこでたけのこも洋風にアレンジしてみようと
マリネを作るようになりました。
生ハムやパルメザンチーズと組み合わせれば、
ワインのつまみにもぴったり。
おいしいね、と夫もいってくれます。

春

たけのこの土佐煮

材料／４人分

ゆでたけのこ　700ｇ

Ａ

- だし汁　４カップ
- しょうゆ　大さじ５〜６
- 砂糖　大さじ５
- みりん　大さじ２

削りガツオ　20ｇ

木の芽　適宜

作り方

1 たけのこは1.5㎝幅の輪切りにする。

2 鍋にＡを合わせて火にかけ、ひと煮立ちしたらたけのこを入れ、煮立ったら弱火にし、落とし蓋をして20〜30分、煮含める。

3 ②の汁気が少し残るくらいで火を止め、そのままおいて味をなじませる。

4 削りガツオはクッキングシートにのせてラップをかけずに電子レンジ（200Wまたは弱キー）で５〜６分加熱し、パリパリにする。

5 ③に④の削りガツオをまぶす。器に盛り、木の芽を添える。

煮汁が行きわたるように落とし蓋か、なければクッキングシートを代わりにのせて弱火で汁気が少し残るくらいまで煮ていきます

土佐煮はたけのこ料理の定番中の定番。
やや濃いめの甘辛いしょうゆ味に
たっぷりの木の芽の香りを添えていただきます。
毎年、５月の連休過ぎくらいまでがたけのこの季節。
時期が遅いと根元部分が少しかたくなりますが、
土佐煮にすればおいしいので
出回っている間は何度も作って常備菜にしています。
仕上げにふる削り節が余分な汁気を吸ってくれて
おべんとうのおかずにも便利です。

春

うど

日光に当てずに白く育てた栽培ものが一般に出回っています。
２層になった茎の外側の層はアクが強いので厚めにむいて使います。

うどとアジの酢みそあえ

材料／４人分

うど　½本
アジ(刺身用)　２尾分
わかめ(塩蔵)　20g
酢みそ
- みそ　大さじ３
- 砂糖　大さじ２
- みりん　大さじ½
- 酢　大さじ１
- 和がらし　少々

しょうが汁　小さじ１～２
木の芽　適宜

作り方

1. うどは厚めに皮をむき、２～３cm長さの短冊切りにし、水にさらして水気をよくきる。アジは３枚におろして細切りにする。わかめは戻して水気を絞り、食べやすい大きさに切る。
2. ボウルに酢みその材料を順に加えてよく混ぜ、しょうが汁も加える。
3. ②に①を加えてあえ、器に盛る。好みで木の芽を刻んでちらす。

春になるとちょっと酸味のものが食べたくなるせいか、
酢みそあえがよく登場します。別名はぬた。
ここでは歯ざわりのよいうどに、アジの刺身、わかめの組み合わせ。
マグロやわけぎなどを合わせてもおいしくできます。

うどのバター炒めとポークソテー

材料／４人分

●ポークソテー
豚肩ロース肉　４枚
塩・こしょう　各少々
オリーブ油　少々
●うどのバター炒め
うど　½本
バター　大さじ２
塩・こしょう　各少々
レモン　適宜

作り方

1. うどは厚めに皮をむき、５cm長さの薄切りにし、水にさらして水気をよくきる。
2. 豚肉は筋切りをし、焼く直前に軽く塩、こしょうをふる。フライパンにオリーブ油を熱して豚肉を入れ、こんがりと焼き色がついたら返し、両面を焼いて中まで火を通す。
3. フライパンをきれいにして火にかけ、バターを溶かす。①のうどを加えてさっと炒め、塩、こしょうで調味する。
4. 器に①と②を盛り合わせ、好みでレモンを絞っていただく。

うどの食感とほろ苦さを残しながら炒めるとおいしい。
うちではバター炒めと、残った皮のきんぴらが人気。
特にポークソテーや牛ステーキのつけ合わせには
シャキシャキした歯ざわりのバター炒めが欠かせません。

夏 Summer

畑で太陽をいっぱいに浴び、野菜は完熟していきます。
ゆでただけの枝豆やとうもろこしのおいしさがその証です。

枝豆

さやの緑色が濃くて、ふっくらとふくらみ、大きさが揃っているものを選びます。
買ってきたらすぐにゆでるのが、甘味を生かしておいしく食べるコツ。

枝豆と豚肉の炒め物

材料／４人分

枝豆（ゆでたもの）　２カップ
高菜漬け　100ｇ
豚ひき肉　300ｇ
Ａ
長ねぎの粗みじん切り　½本分
にんにく・しょうがのみじん切り　各大さじ１
サラダ油　大さじ２
紹興酒　大さじ１
しょうゆ　大さじ３
赤唐辛子の小口切り　２本分
ごま油　大さじ１～２

主材料はひき肉、枝豆、高菜漬け。粗く刻んだ高菜漬けは調味料代わりになります

作り方

1. 枝豆はゆでてさやから出し、２カップ分に計量する。高菜漬けは塩気が強ければさっと洗い流し、水気を絞って粗みじん切りにする。
2. 深めのフライパンにサラダ油を熱し、ひき肉を入れて焼きつけるように炒めたら、Ａの香味野菜を加え、紹興酒をふる。
3. ②に枝豆と高菜漬けを加えてから、しょうゆを加え、炒め合わせる途中で赤唐辛子を加える。
4. 仕上げにごま油を回しかけて風味をつけ、器に盛る。

夏のビールのつまみといえば、枝豆の塩ゆで。
ただし、そればかりでも飽きるので、
余った枝豆で思いついた料理がうちにはいくつかあります。
例えば、「枝豆と豚肉の炒め物」。
はじけるような枝豆の食感は肉とも魚ともよく合います。
鮮やかなグリーンがさらに料理を引き立て、
つまみにもごはんのおかずにもおすすめの一品です。

枝豆の塩ゆで

材料と作り方／作りやすい分量

枝つきの枝豆適宜は、さやの先端を少し切り落とす。塩を多めにまぶしてこすり合わせ、水で流して産毛を取る。塩を適宜入れた熱湯で好みの加減にゆで、ざるに上げて熱いうちに塩をふる。

枝豆の紹興酒漬け

材料と作り方／作りやすい分量

枝豆200ｇは味がしみやすいようにさやの両端を少し切り落とす。鍋に紹興酒、水各½カップ、しょうゆ大さじ３～４、薄口しょうゆ大さじ１、砂糖小さじ２を合わせて煮立て、枝豆を加えて豆に火が通るまで煮る。そのまま煮汁の中で冷まして冷蔵庫に入れる。半日以上おくと味がよくしみる。

夏

枝豆のさつま揚げ

カリッと揚げたさつま揚げの中身は銀ダラとエビのすり身に
たっぷりの枝豆、玉ねぎ、青じそを混ぜています。
サラダ菜やハーブで包み、好みのたれを調整していただきます。

材料／約24個分

銀ダラの切り身2切れ（正味150g） エビ150g（正味） 枝豆（ゆでたもの）1カップ 玉ねぎ½個 青じそ10枚 A〈酒大さじ½ 砂糖小さじ1 塩少々 薄力粉大さじ1〉 揚げ油適宜 すし酢（市販品）½カップ ナンプラー小さじ2 しょうがのせん切り・赤唐辛子の小口切り・ごま油各適宜 サラダ菜・香菜・バジル・ミント・ライム各適宜

作り方

1 銀ダラは皮と骨を除き、エビは殻と尾、あれば背ワタを除いて、それぞれ包丁で刻んでから細かくたたく。

2 枝豆はゆでてさやから出し、1カップ分に計量する。玉ねぎは1cm角に切り、青じそは粗みじん切りにする。

3 ①をボウルに入れて混ぜ、Aの調味料を順に加えてよく混ぜ合わせる。

4 ③に枝豆、玉ねぎを入れてよく混ぜ、最後に青じそを加えて混ぜ合わせる。

5 ④の生地を等分して木ベラなどにのせ、熱した揚げ油にすべり落とすようにして入れ、色よくカリッと揚げる。

6 すし酢とナンプラーを混ぜて小皿に分け、好みでしょうが、赤唐辛子、ごま油を加える。

7 器に揚げたてのさつま揚げ、サラダ菜、香菜、バジル、ミントを盛り合わせ、⑥のたれやライムを絞っていただく。

枝豆の混ぜごはんと サバのしょうが焼き

ゆでた枝豆を粗く刻んで混ぜた、ひすい色のきれいなごはん。
お皿に盛ってみたくなり、サバのしょうが焼きと盛り合わせたら、
かわいい夏のランチになりました。

材料／4人分

●枝豆の混ぜごはん

米2カップ　酒大さじ1　顆粒鶏ガラスープ大さじ1　枝豆（ゆでたもの）1カップ　塩少々

●サバのしょうが焼き

サバ（3枚おろし）1尾分　A〈しょうゆ大さじ2　みりん大さじ1　しょうがのすりおろし小さじ1〉　すだち適宜

作り方

1　米はといでざるに上げる。
2　分量の酒に水を足して2カップに計量する。
3　炊飯器に①の米、②、顆粒鶏ガラスープを入れて炊く。
4　枝豆はさやから出し、薄皮がついたまま粗く刻む。
5　炊きたてのごはんに枝豆を加えてさっくりと混ぜ、塩少々で味を調える。
6　サバは1枚を6等分し、Aを合わせたたれをからめて5分くらいおく。
7　熱した焼き網かグリルでサバの両面を焼く。
8　器に⑤の枝豆ごはんを盛り、⑦のサバのしょうが焼きをのせ、すだちを絞る。

とうもろこし

とうもろこしは皮つきを買い、加熱する直前に皮をむきます。
生っぽさを残して粒をはずしたいときや、そのまま食べたいときも電子レンジ加熱が手軽です。

焼きとうもろこし

材料／作りやすい分量

とうもろこし　3本
しょうゆ　大さじ3～4

作り方

1 とうもろこしは食べやすく3等分に切り、ラップで包んで電子レンジで約3分加熱する。
2 焼き網を熱し、とうもろこしにしょうゆをからめてのせる。途中で残ったしょうゆをもう一度からめて焼き、こんがり焼き色をつける。

大皿に盛った焼きとうもろこしを、にぎやかにほおばる情景は
子どもたちの夏休みとも重なる、思い出のひとコマです。
しょうゆの焦げるにおいに誘われるのは大人も同じ。
バーベキューでも必ずリクエストされる人気ぶりです。

コーンスープ

材料／4人分

とうもろこし　2本
クリームコーン(大)　1缶
バター　大さじ2
薄力粉　大さじ2
スープ（顆粒コンソメ大さじ1を湯2カップで溶いたもの）
牛乳　1カップ
生クリーム　1カップ
塩・こしょう　各少々

作り方

1 とうもろこしはラップに包んで電子レンジで約3～4分加熱し、粒をはずす。
2 鍋にバターを溶かし、薄力粉をふり入れる。焦がさないように炒め、スープを少しずつ加えてなめらかに溶きのばす。
3 ②に牛乳を加え、再び煮立ったら①のとうもろこしとクリームコーンを加える。
4 全体に混ぜてよくなじんだら、生クリームを加え、塩、こしょうで味を調える。

クリームコーンの缶詰にこのときとばかり、
フレッシュなコーンをたっぷり加えるので、
なめらかさにみずみずしさがミックス。甘みがあるので
子どもたちも大好きな、ダブルコーンのスープです。

夏

コーンとトマトのサルサ

サルサは酸味をきかせ、夏っぽいパンチのある味に。
器ごと氷で冷やせば野菜の食感が引き立って
手軽なトルティーヤが楽しそうに見えます。

材料／作りやすい分量

とうもろこし1本　トマト2個（約200g）　紫玉ねぎ¼個　きゅうり1本　イタリアンパセリ2〜3本　バジル2〜3本　A〈ワインビネガー大さじ3　オリーブ油大さじ1　ライムの絞り汁大さじ2　塩・粗びきこしょう各少々〉　ウインナーソーセージ・トルティーヤ・レタスのせん切り・ペッパーソース各適宜

作り方

1. とうもろこしはラップに包んで電子レンジで3〜5分加熱し、火が通ったら粒をはずす。
2. トマトはヘタを取り、横半分に切って軽く種を除き、粗みじん切りにする。紫玉ねぎも粗みじん切り、きゅうりは縦半分に切り、種を削り取って粗みじん切りにする。
3. イタリアンパセリはかたい軸を除いて細かく刻む。バジルは葉をつまんで同様に刻む。
4. ①と②をボウルに合わせ、Aを順に加えて軽くあえ、③を加える。
5. ソーセージはゆでて、水気をきる。
6. トルティーヤに⑤のソーセージをのせ、レタスのせん切りをのせる。④のサルサをのせ、好みでペッパーソースをふる。

コーンブレッド

外側はカリッ、中はしっとり焼き上がるコーンブレッド。
生地の甘さは控えめなので食事パンにもおすすめです。
ここでは生野菜とチーズ、半熟卵を添えてブランチに。

材料／作りやすい分量

とうもろこし1本　プレーンヨーグルト⅓カップ　牛乳⅓カップ　A〈薄力粉250ｇ　ベーキングパウダー・重曹各小さじ½　塩小さじ¼　砂糖大さじ1〉　サラダリーフミックス・好みのチーズ・半熟卵各適宜

作り方

1　とうもろこしはラップに包んで電子レンジで約２分加熱し、粒をはずす。

2　天板にクッキングシートを敷く。オーブンは170℃に予熱する。

3　ヨーグルトは牛乳と軽く合わせておく。

4　Ａを合わせてボウルにふるい入れ、①を加えて全体に混ぜる。

5　粉の中央をくぼませて③を加え、さっくりと混ぜながら生地をひとつにまとめる。

6　好みの形に成形して天板にのせ、170℃のオーブンで25～30分焼く。

7　焼き上がったら食べやすく切り分ける。リーフミックス、スライスしたチーズ、半熟卵を盛り合わせていただく。

＊好みでチーズとはちみつを組み合わせてもおいしい。

Autumn

秋

サンマの豊漁に栗の当たり年が重なればうれしい。
秋の食卓に海山の豊かな恵みが届きます。

サンマ

サンマは秋刀魚と書き、すらりとした姿で、味のよい魚です。
尾のつけ根が黄色いのは脂がのった印。塩焼き、煮物、炊き込みごはんなどに。

サンマの香味煮

材料／４人分

サンマ　４尾
酒　½カップ
みりん　大さじ３
にんにくのみじん切り・
　しょうがのみじん切り
　各大さじ１
長ねぎのみじん切り　１本分
しょうゆ　大さじ３
コチジャン　大さじ１
砂糖　大さじ２

作り方

1 サンマは頭を落として１尾を６等分の筒切りにし、ワタを除いてきれいに洗い、水気を拭く。
2 鍋に酒とみりんを合わせて火にかけ、煮立ててアルコール分を飛ばす。
3 サンマを入れて再び煮立ったら、にんにく、しょうが、長ねぎ、しょうゆ、コチジャン、砂糖を加える。ときどき煮汁をかけながら煮汁が半量になるくらいまでしばらく煮る。火を止め、そのまま少しおいて味をなじませる。

サンマの塩焼きなら毎日でも飽きないというのがうちの夫。
そうはいってもほかのレパートリーもほしいので
作り始めたのがサンマの香味煮です。
香味野菜の風味と甘辛い味つけに、
ごはんが進むことうけあい。
煮上がったサンマは中骨がすっとはずれ、
子どもたちも大のお気に入り。
うちで長年作り続けている、秋の味です。

秋

サンマの洋風炊き込みごはん

材料／4人分

米　2カップ
サンマ　3尾
れんこん(小)　2節
オリーブ油　適宜
塩・こしょう　各適宜
顆粒コンソメ　小さじ2
ローリエ　1枚
トマトケチャップ　適宜
レモン　適宜

作り方

1 米はといでざるに上げる。
2 サンマは3枚におろし、1尾分は長さを3等分にする。フライパンにオリーブ油を熱してサンマを入れ、塩、こしょうをふりながら両面を焼く。
3 れんこん1節は皮をむき、5㎜幅のいちょう切りにして水にさらし、水気をよくきる。
4 顆粒コンソメは湯少々で溶き、水を足して2カップに計量する。
5 厚手の鍋に①の米を入れ、③のれんこん、②のサンマをのせ、こしょうをふり、鍋の縁から静かに④のスープを加え、ローリエをのせる。蓋をして強火にかけ、煮立ったら弱火にして約10分炊く。火を止めて約10分蒸らす。炊けたらサンマをほぐすようにさっくりと混ぜる。
6 もう2尾分のサンマは長さを2等分にする。もう1節のれんこんは皮をむき、8㎜幅の輪切りにして水にさらし、水気をよくきる。
7 フライパンにオリーブ油を熱し、⑥のれんこん、サンマを順に塩、こしょうをふりながら焼く。
8 ⑤のサンマごはんを器に盛り、⑦のサンマとれんこんをのせる。好みでトマトケチャップをかけ、レモンを絞る。

香ばしく焼いたサンマをれんこんと一緒に炊き込みます。
だし汁やしょうゆを使った味つけにすれば和風にもなりますが、
ここでは若い人たちに人気がある洋風ごはんをご紹介しましょう。
魚の生臭さが苦手という人も、これなら食べられるはず。
炊き込みごはんができ上がったら、さらにサンマと
大きめのれんこんを焼き、おかずとして盛りつけます。
ひと皿で大満足のごはんです。

秋

栗

栗を選ぶときは鬼皮を見てツヤとハリがあり、持ち重りのするものを。
鬼皮がかたくてむきにくい場合は、熱湯につけて少しおきます。

レンジ栗おこわ

材料／軽く3～4膳分

もち米　1カップ
栗(大)　6個(正味120g)
酒　大さじ1
ごま塩　適宜

作り方

1 もち米は洗い、15分くらい水につけ、ざるに上げて水気をよくきる。
2 栗は鬼皮と渋皮をむいて、大きいものは半分に切り、水にさらして水気をよくきる。
3 分量の酒に水を足して⅔カップに計量する。
4 大きめの耐熱ボウルに①のもち米、②の栗を入れ、③を加える。ふわっとラップをかけ、電子レンジで約6分加熱する。
5 ラップをはずし、手早く混ぜる。再びラップをかけて、さらに約3分加熱する。
6 全体を軽く混ぜて器に盛り、ごま塩をふる。

おこわは私が大好きなので、特別な日でなくても
あずきおこわをよく作っています。
人数が多いときは蒸し器のほうが楽ですが、
２人分くらいなら電子レンジでおいしく作れます。
いつでも作れるあずきに比べ、栗おこわは期間限定。
小さな塗りのお重箱に詰めれば
ちょっとした季節のごちそうです。
栗が何個かあればできますから、
気軽にレンジで試してみませんか。

秋

栗のミルク煮

材料／４人分

栗　450ｇ（正味250ｇ）
牛乳　約１カップ
砂糖　大さじ４
バニラアイスクリーム　適宜
シナモン　適宜

作り方

1 栗は鬼皮と渋皮をむく。水にさらして水気をよくきる。
2 鍋に①の栗とたっぷりの水を入れ、やわらかくなるまで下ゆでする。
3 鍋に下ゆでした栗とひたひたになるくらいの牛乳、砂糖を入れ、落とし蓋をし、汁気がほとんどなくなるくらいまで煮含める。
4 器にアイスクリームを盛り、③をマッシャーでつぶしながらちらし、好みでシナモンをふる。

むいた栗を牛乳と砂糖でほんのり甘く煮た、栗のミルク煮。
牛乳で煮含める前に栗を下ゆでするのがコツで、
こうすると味が栗の中までよく入っていきます。
そのまま温かいうちに食べてもいいですが、
ちょっとおしゃれにひと工夫。
冷ました栗のミルク煮をマッシャーでつぶし、
アイスクリームの上にかけて白いモンブランみたいに。
ホイップクリームと合わせればマロンクリームになり、
これでパフェ仕立てにすることもあります。

Winter

冬

もちや里いもの食べ方がもっとあってもよいのでは。
お正月をきっかけに日本の食材を見直しています。

もち

もちは焼いたり、揚げたり、くたくたに煮たり、いろいろな食感を楽しめます。
保存は使いやすい大きさに切り分けて冷凍したり、量が多い場合は天日干しにしても。

もちとウニの茶碗蒸し

材料／4人分

切りもち　2切れ

卵液

- 卵　2個
- だし汁　1½カップ
- みりん　大さじ1½
- 塩　小さじ½

あん

- だし汁　½カップ
- 薄口しょうゆ　小さじ1
- みりん　大さじ1
- 塩　少々
- 片栗粉・水　各小さじ1

生ウニ・わさびのすりおろし・ゆずの皮　各適宜

作り方

1. もちは1切れを2等分にする。
2. 卵液を作る。だし汁を温め、みりんと塩で調味し、粗熱を取る。ボウルに卵を溶きほぐし、調味しただし汁を少しずつ加えて静かに混ぜ、こす。
3. 器に①のもちを等分して入れ、②の卵液を注ぎ、ひとつずつラップで蓋をする。
4. 蒸気の上がった蒸し器に③を入れ、弱火で15〜20分蒸す。
5. ④の蒸し上がりに合わせてあんを作る。鍋にだし汁を温め、薄口しょうゆ、みりん、塩で調味し、煮立ったら同量の水で溶いた片栗粉でとろみをつける。
6. 蒸し上がった茶碗蒸しに生ウニをのせ、⑤の熱いあんをかけ、わさびのすりおろしと、ゆずの皮を削ってのせる。

中に小さく切った生もちを入れ、卵液を加えます。蒸し上がるとあつあつで、中までやわらかく火が通っています

うちでは茶碗蒸しに当たり前のようにもちを入れています。
くせがなく、口当たりもなめらかなもちは
卵のやさしい味ともぶつかりません。
百合根の時季は必ず一緒に入れますが、
ここでは贅沢にウニをのせるので具はシンプルにもちだけで。
仕上げに薄味のあんをかけると冷めにくく、
冬のおもてなしの堂々の一品にもなります。
もちの保存は、使いやすい数種類の大きさに切り分けて
密封して冷凍庫に入れています。

冬

揚げもち入り
チキンスープ

お雑煮は、冬の朝の汁物代わりにおすすめです。
チキンスープに揚げもちを入れるのもそのバリエーション。
焼いたもちとはひと味違うコクが出て、温まります。

材料／4人分

切りもち2切れ　鶏手羽中（縦半分に切ったもの）10本　水6カップ　酒大さじ1　しょうが（つぶしたもの）1片分　長ねぎの青い部分10㎝　揚げ油適宜　塩小さじ1　薄口しょうゆ小さじ1　顆粒鶏ガラスープ・こしょう各少々　万能ねぎの小口切り適宜

作り方

1　もちは1切れを12等分の角切りにし、ざるにのせて少しおき、表面を乾かす。

2　鍋に分量の水を入れて沸かし、酒を加え、鶏手羽中、しょうが、長ねぎを入れて煮立てる。アクが出たら取り、弱火で15分くらい煮る。

3　②のスープからしょうが、長ねぎを除き、塩、薄口しょうゆを加え、顆粒鶏ガラスープ、こしょうで調味する。

4　①のもちを、熱した揚げ油でカリッと揚げる。

5　器に揚げたてのもちを入れ、③の熱いスープを注ぎ、万能ねぎをたっぷりとのせていただく。

もちと小松菜のくたくた煮

見た目はよくないけれど、とろとろに煮たもちがポイント。
私の父が大好きで、よく母に作ってもらっていました。
私もちょっと疲れたときなど食べたくなって作ります。

材料／４人分

切りもち６～８切れ　小松菜（大）１束（650ｇ）　だし汁４カップ　しょうゆ大さじ３　みりん大さじ３　七味唐辛子適宜

作り方

1. 小松菜は５～６㎝長さに切り、ゆでて冷水に取り、水気を絞る。
2. もちは熱した焼き網で焼く。
3. 鍋にだし汁、しょうゆ、みりんを合わせて煮立て、焼いたもちを入れ、蓋をして10分くらい煮る。
4. 小松菜を加え、さらに５分くらい煮て火を止める。
5. 器に盛り、好みで七味唐辛子をふる。

小松菜を加えたとき、もちはすでにだいぶやわらかくなっていますが、これをさらに５分ほどくたくた、とろとろに煮ます

秋

里いも

独特のねっとりした食感が、じゃがいもなどとはひと味違う煮物やコロッケになります。
選ぶときは全体にハリがあり、なるべく泥つきで少し湿り気があるものを。

里いも汁粉

材料／4人分

里いも　1個(130g)
水　1カップ
牛乳　1カップ
生クリーム　¼カップ
コンデンスミルク　大さじ4
ゆであずき(市販品)　適宜

作り方

1 里いもは皮をむいて水にさらし、水気を拭く。
2 鍋に水と牛乳を合わせて火にかける。煮立ったら①の里いもをすりおろしながら加え、少し煮る。
3 少しとろみがついたら生クリームとコンデンスミルクを加える。
4 器に③の熱い汁を入れ、ゆであずきを加える。

ねっとりした食感が里いもの持ち味。
その里いもをすりおろしてクリームスープにしたのが
とろりとなめらかな洋風スープ、里いものすり流しです。
これはそのデザート版の里いも汁粉。
牛乳、生クリーム、コンデンスミルクに
すりおろした里いもを組み合わせた白いスイーツです。
好みであずきをのせれば和風に楽しめます。

冬

里いもコロッケ

材料／25〜30個分

里いも(大)　5個(正味380g)

めんつゆ(市販品・3倍濃縮タイプ)　大さじ1

レンジホワイトソース

- 薄力粉　大さじ2
- コーンスターチ　大さじ1
- 牛乳　1カップ
- バター　大さじ1
- 生クリーム　大さじ2
- 顆粒コンソメ　小さじ½
- 塩・こしょう　各少々

むきエビ　150g

玉ねぎ　¼個

バター　大さじ1

塩・こしょう　各少々

薄力粉・溶き卵・パン粉　各適宜

揚げ油　適宜

キャベツのせん切り・すだち・好みのソース　各適宜

作り方

1 里いもは皮をむき、1個を4等分にし、水にさらして水気をきる。キッチンペーパーを敷いた耐熱ボウルに入れ、ラップをして電子レンジで6〜7分加熱する。ペーパーをはずし、里いもが熱いうちになめらかにつぶし、めんつゆで下味をつける。

2 レンジホワイトソースを作る。小さめの耐熱ボウルに薄力粉、コーンスターチを合わせてふるい入れ、室温に戻した牛乳を加えてよく混ぜる。ラップをして電子レンジで約2分30秒加熱し、熱いうちに小さな泡立て器でよく混ぜる。バターを加えてさらに混ぜ、生クリームを加え、顆粒コンソメ、塩、こしょうで調味する。

3 ①に②を熱いうちに混ぜ合わせる。

4 エビはよく洗い、あれば背ワタを取り除き、2〜3等分する。玉ねぎは5〜6㎜角に切る。

5 フライパンにバターを熱して玉ねぎを炒め、エビを加えて火を通しすぎないようにさっと炒め合わせ、塩、こしょうで調味する。

6 ③に⑤を加えて混ぜ、冷蔵庫で冷やしてまとめやすくする。

7 エビが均等に入るように等分して成形し、薄力粉、溶き卵、パン粉の順に衣をつける。

8 揚げ油を熱し、⑦をカリッと揚げる。器に盛り、キャベツ、すだち、好みのソースを添える。

里いも独特のなめらかで粘りのある食感に
エビのプリプリ感を取り合わせたコロッケです。
じゃがいものコロッケとはまったく違う味に、
初めて食べた人はみんな一様に驚いてくれます。
里いもの下ごしらえも、最初の頃は下ゆでしてから
薄味で煮ていましたが、レンジ加熱でやわらかくして
めんつゆをかける方法でおいしくできるので、
手軽なレシピに進化してきました。

第4章

いつも身近にある野菜

うちのごはんを食べた人たちは、野菜の種類が多いといって喜んでくれます。何も特別な野菜を使っているわけではありません。基本は近所のスーパーに並んでいる素材です。レタスのように生でおいしく、調理に手間のかからないものは大助かり。多様に使えるピーマン、トマト、きゅうり、かぼちゃ、カリフラワー、もやし、長ねぎ、白菜、ほうれん草、キャベツ、しいたけも、意外な味や組み合わせを楽しめます。１年を通じて出回り、身近になっている野菜をもう一度見直して、食卓をおいしくにぎやかに彩ってみませんか。

ピーマン

主流は緑のピーマンですが、大型で肉厚のパプリカもすっかりおなじみです。
鮮度が落ちると苦みが出たり、種が黒っぽくなるので、その前に早めに使いきります。

ハーブチキンとピーマン炒め

外国の人も好きな味つけなので、海外に行ったときもよく作っています。
どっさり加えたピーマンをマリネ液で炒め合わせるので味がよくからみ、
うちでは自然と白いごはんにのせて食べています。
ここで使った赤ピーマンは緑ピーマンと同じ種類で、火の通りなどは同じです。

材料／4人分

鶏モモ肉　2枚

A

- 玉ねぎのみじん切り　½個分
- にんにくのみじん切り　大さじ1
- バジル　2〜3本
- ローズマリー　1〜2枝
- 赤ワイン　¼カップ
- しょうゆ　¼カップ

ピーマン　4〜5個

赤ピーマン(小)　3個

オリーブ油　大さじ2

作り方

1 ボウルにAを合わせてマリネ液を作る。

2 鶏肉は食べやすい大きさに切って、①に加えて味をからめ、10分以上おく。

3 ピーマンはそれぞれ縦半分に切って種を取り、さらに6〜8等分にする。

4 フライパンにオリーブ油大さじ1を熱し、ピーマンを入れてさっと炒めて取り出す。

5 フライパンにオリーブ油大さじ1を足し、汁気をきった②の鶏肉を入れ、焼きつけるように炒める。

6 ⑤に④のピーマンを戻し入れ、②のマリネ液をハーブごと加え手早く炒め合わせる。
＊ここではごはんにハーブチキンとピーマン炒めをのせ、バジルの葉としば漬けを添えます。

鶏肉はしょうゆと赤ワインベースに、ハーブを加えたマリネ液をからめてしばらくおきます。このマリネ液の残りはあとで調味料に

ピーマンとじゃこのきんぴら

ピーマンは炒めるとかさが減り、食べやすくなります。
子ども向けには味つけに砂糖をほんの少し加えるといいでしょう。
炒め具合はシャキシャキもくたくたもどちらもおいしい！

材料／作りやすい分量

ピーマン6～8個　じゃこ30g　サラダ油大さじ2　しょうゆ大さじ3　赤唐辛子の小口切り1本分

作り方

1 ピーマンは縦半分に切って種を取り、せん切りにする。
2 フライパンにサラダ油を熱してピーマンを炒めたら、じゃこを加える。
3 しょうゆを入れて手早く炒め合わせ、赤唐辛子を加えてなじませる。

パプリカの
ピクルス

ピクルスの酸味が苦手でも、パプリカのピクルスは
ジューシーで甘みがあるから好きという人も多いはず。
チーズやバゲットとセットにしてうちではよくワインのつまみに。

材料／作りやすい分量

パプリカ（赤・黄）各2個　A〈酢1カップ　白ワイン½カップ　水⅓カップ　砂糖30g　塩小さじ1〉　にんにくの薄切り1片分　ローリエ1枚　粒こしょう小さじ½　黒オリーブ適宜

作り方

1 鍋にAの材料を合わせて火にかけ、砂糖が溶けたら火を止め、冷ましておく。

2 パプリカはそれぞれ縦半分に切って種を取り、長さを半分にして1.5㎝幅に切る。

3 保存容器に②のパプリカ、にんにく、ローリエ、粒こしょうを入れ、①を注ぎ、冷蔵庫で1日ほどおく。食べる前に、水でよく洗って水気を拭いた黒オリーブを好みで加える。

ピーマンの肉詰め

うちの娘は中学生の頃、ピーマンの肉詰めを入れたおべんとうが大好きでした。
１個の大きさがピーマン縦半分というのもちょうど食べやすいのかもしれません。
ここでは肉にごぼうも加えて野菜度アップ。おべんとうには手軽なトマトケチャップ、
家庭では数種類の材料を混ぜて作る、本格派のハンバーグソースを添えます。

材料／10個分

ピーマン　5個
玉ねぎ　¼個
ごぼう　¼本
合いびき肉　200ｇ
A
- 卵　1個
- 薄力粉　大さじ1
- 塩・こしょう　各少々

サラダ油　適宜
ソース
- 赤ワイン　大さじ2
- スープ(顆粒コンソメ少々を湯大さじ2で溶いたもの)
- トマトケチャップ　大さじ5
- とんかつソース　大さじ2
- 和がらし　少々

作り方

1 ピーマンは縦半分に切り、種を除く。玉ねぎは粗みじん切りにする。ごぼうは小さめのささがきにし、水にさらして水気をよくきる。

2 ボウルにひき肉を入れ、Aを加えてよく練り混ぜる。粘りが出てきたら玉ねぎ、ごぼうを順に加えて混ぜる。

3 ①のピーマンの内側に茶こしなどで薄力粉(分量外)を薄くふり、②を詰める。

4 フライパンにサラダ油少々を熱し、③を肉の面から入れ、焼き色がついたら返して、中まで火を通す。

5 ソースを作る。和がらし以外のソースの材料を鍋に入れて煮立てる。火を止め、和がらしを加えて混ぜる。

6 焼きたての④を器に盛り、⑤のソースをかける。

ピーマンの内側に薄力粉をふってから、焼き縮みを考えて少し盛り上がるようにたねを詰めると焼き上がりがきれいに

冷めてもおいしいから
おべんとうでも人気

レタス

葉がみずみずしくてハリがあり、球形で持ったときに重さがあるものを選びます。
シャキシャキ感を生かす生食以外に、軽く火を通す食べ方も広がっています。

鶏肉とエビのあんかけ、レタス包み

オイスターソース風味で炒めた具を、レタスに包んで食べる中華風のメニューです。
自分で取り分けるのが楽しいので、うちのビュッフェにもしょっちゅう登場しています。
レタスを生で食べるときは、氷水や冷水でパリッとさせるという人も多いでしょうが、
大事なのはそのあとの水きりで、残った水気で味が薄くならないよう気をつけます。

材料／4人分

レタス　½個
鶏モモ肉(小)　1枚(150g)
むきエビ　120g
塩・紹興酒・しょうが汁　各少々
干ししいたけ　2個
ゆでたけのこ(小)　1個
セロリ　½本
松の実　30g
A
- 顆粒鶏ガラスープ　小さじ1
- 水　¾カップ
- オイスターソース　小さじ2
- しょうゆ　大さじ½
- 砂糖　小さじ1

サラダ油　大さじ½
片栗粉・水　各大さじ1
ごま油　少々

作り方

1 レタスは半分に切り、芯を取る。氷水に放してパリッとさせ、水気をよくきる。
2 鶏肉は1cm角、エビは8mm角に切り、それぞれ塩、紹興酒、しょうが汁をからめて下味をつける。
3 干ししいたけは水で戻して軽く水気を絞り、粗みじん切りにする。たけのこ、筋を取ったセロリも粗みじんに切る。
4 松の実は空炒りする。
5 小鍋にAを合わせて温める。片栗粉を同量の水で溶く。
6 フライパンにサラダ油を熱し、鶏肉、エビを順に炒めたら、しいたけ、たけのこ、セロリ、松の実を加えて炒め合わせる。
7 Aの調味液を加え、煮立ったら水溶き片栗粉でとろみをつけ、ごま油をふる。
8 ①のレタスを1枚ずつ取って、⑦をのせていただく。

鶏肉、エビ、しいたけ、たけのこ、セロリは味がなじむように大きさを切り揃えて。レタスは氷水につけてパリッとさせます

レタスそうめん

そうめんにみずみずしいレタスを混ぜ、具や薬味で食べるヘルシーメニュー。
レタスは細長いほうがなじむので、私はなるべく長く繊維に沿ってせん切りにしています。
つゆは手軽なレンジめんつゆ。添える具はゆでたささみ、錦糸卵、
薬味はみょうが、しょうが、もみのり、ごまとバランスよく、さっぱりと。

材料／4人分

レタス　½個
鶏ささみ　2枚
塩　少々
酒　少々
錦糸卵(約3枚分)
- 卵　2個
- 砂糖　小さじ1
- 塩　少々
- サラダ油　少々

レンジめんつゆ(右記参照)　適宜
そうめん　4束
みょうがのせん切り　2個分
おろししょうが・もみのり・炒りごま　各適宜

作り方

1 レタスは葉をはずし、繊維に沿ってせん切りにする。冷水に放してパリッとさせ、水気をよくきる。ポリ袋などに入れ、冷蔵庫でよく冷やしておく。
2 鶏ささみは筋を取って塩、酒をふり、かぶるくらいの湯に入れてゆで、そのまま冷ます。冷めたら取り出して細かく裂く。
3 錦糸卵を作る。ボウルに卵を溶きほぐし、砂糖、塩を加えてよく混ぜ、こす。フライパンにサラダ油を熱し、卵液を薄く流して焦げないように、両面を焼く。冷めたら幅を2～3等分し、せん切りにする。
4 レンジめんつゆはよく冷やしておく。
5 そうめんを袋の表示通りにゆでる。
6 器にそうめんを盛って、たっぷりのレタスをのせ、鶏ささみ、錦糸卵、みょうが、しょうが、もみのり、ごまなどを好みで添え、めんつゆをつけていただく。

●レンジめんつゆ
材料と作り方／作りやすい分量
耐熱ボウルにみりん1½カップ、しょうゆ1½カップ、水1カップ、削りガツオ20gを合わせて軽く混ぜる。ラップをしないで電子レンジで約3分30秒加熱し、粗熱が取れたらこす。保存は冷蔵庫で。

揚げ鶏のねぎソース

私のレシピの中でベスト１に選ぶ人が多い「揚げ鶏のねぎソース」。
カリッカリに揚げた鶏肉はシャキシャキしたレタスと食べるとおいしさが倍増します。
ねぎソースは炒めたねぎの風味が香ばしい、少し辛くて酸っぱいソース。
揚げ鶏やねぎソースの余熱で、レタスにほんの少し火が通った食感が私は好きです。

材料／４人分

鶏モモ肉　２枚
レタス　½個
A
- しょうゆ　大さじ½
- 紹興酒　大さじ½

片栗粉　適宜
揚げ油　適宜
ねぎソース
- 長ねぎ　１本
- サラダ油　大さじ½
- 赤唐辛子の小口切り　１本分
- しょうゆ　½カップ
- 酒　大さじ１
- 酢　大さじ２
- 砂糖　大さじ１½

作り方

1 ねぎソースを作る。長ねぎは細かいみじん切りにする。フライパンにサラダ油を熱し、長ねぎ、赤唐辛子をさっと炒めて、しょうゆ、紹興酒、酢、砂糖を加え、熱くなったら火を止める。

2 レタスは２㎝幅のザク切りにする。

3 鶏肉は２〜３㎝角に切り、Ａをよくからめて下味をつける。片栗粉をたっぷりとまぶし、熱した揚げ油でカリッと揚げ、中まで火を通す。

4 器にレタスと③の揚げ鶏を盛り合わせ、ねぎソースをかける。

カリフラワー

生を薄くスライスして食べてもおいしく、ほのかな甘みと歯ごたえがあります。
小房に分けるときは、茎に切り込みを入れて手で裂くと、きれいにほぐれます。

カリフラワーのミルク煮

やわらかく煮ると独特の甘みがあって、しかも煮くずれしません。
うちではステーキなどのつけ合わせに食卓で取り分けています。
あつあつがおいしいので冷めたらレンジで温め直してください。

材料／４人分

カリフラワー(大)１株　牛乳３カップ　塩小さじ½〜１　こしょう少々
ブールマニエ(薄力粉・バター各大さじ２〜３を練り混ぜたもの)　パルメザンチーズのすりおろし適宜

作り方

1 カリフラワーは外側の葉を取り、茎を上向きにして丸ごと深めの鍋に入れ、牛乳を加えて火にかける。軽く塩、こしょうをふり、煮立ったら弱火にして、落とし蓋をしてしばらく煮る。

2 途中でカリフラワーの上下を返し、やわらかくなり、煮汁が半分くらいになったら取り出して器に盛る。

3 ②の煮汁にブールマニエを加えてとろみをつけ、カリフラワーの上にたっぷりとかける。好みでパルメザンチーズをかけ、熱いうちに大きめのスプーンで取り分ける。

直径16cm前後の深鍋を使うと、カリフラワーがすっぽりとおさまります。丸ごと煮るとボリュームがあり、無駄なく食べられます

カリフラワーの
バーニャカウダサラダ

カリフラワーはゆでてサラダにすると青臭く感じる人もいます。
そこでおすすめしたいのは、カリフラワーを生で食べるサラダ。
私も海外で初めて食べたときはおいしくてびっくりしました。

材料／４人分

カリフラワー（小）１株　サラダリーフミックス適宜　ゆで卵２個　バーニャカウダソース〈にんにく２片　アンチョビ６枚　オリーブ油大さじ２　生クリーム１カップ　コーンスターチ・水各小さじ１　塩・こしょう各少々〉　パルメザンチーズのすりおろし・粗びきこしょう各少々

作り方

1. バーニャカウダソースを作る。にんにくは細かいみじん切りにする。アンチョビは細かくたたく。
2. 鍋にオリーブ油を熱し、にんにくを入れて焦がさないようによく炒め、アンチョビを加えて炒め合わせる。
3. ②に生クリームを加えて混ぜながら熱し、軽く煮立ったら同量の水で溶いたコーンスターチでとろみをつけ、塩、こしょうで調味する。
4. カリフラワーは小房に分けてから２～３㎜になるべく薄く縦にスライスする。
5. カリフラワーとリーフミックスをふんわりと混ぜて器に盛り、ゆで卵を割ってのせる。バーニャカウダソースをかけ、パルメザンチーズ、粗びきこしょうをふっていただく。

もやし

もやしは鮮度がポイント。全体に白っぽくて茎が太く、パリッとしたものを選びます。
買ったその日に食べられないときは傷みやすい根の部分を取り除いて冷蔵庫へ。

もやしと厚揚げのごま酢あえ

ごまのコクと香ばしさ、さっぱりした酢の味がもやしにからみ、
和風のあえ物ならではの味わいです。
もやしのていねいな下ごしらえが味を左右する一品です。

材料／4人分

もやし1袋　厚揚げ1枚（150g）
A〈練りごま大さじ2　砂糖大さじ1　しょうゆ小さじ2　酢大さじ1〉
塩適宜　すりごま大さじ2〜3

作り方

1 もやしは根を取り、熱したフライパンで空炒りする。ざるに広げて冷まし、水気をよく絞る。
2 厚揚げは熱した網で焼き、横半分に切ってから7〜8㎜幅に切る。
3 ボウルにAを合わせ、①、②をあえ、塩で味を調える。すりごまをふり、軽く混ぜて器に盛る。
＊あえてから時間がたつと水気が出やすいので、味をみて薄くなっていたら調味し直します。

もやしと肉そぼろの混ぜごはん

同じあえ物でもこちらは韓国風もやしのナムル。
肉そぼろと一緒にごはんにのせ、好みですりごま、香菜、
コチジャン、すだちを。私はどれも好きだから全部のせています。

材料／４人分

●肉そぼろ

牛ひき肉200ｇ　A〈しょうゆ大さじ２　砂糖大さじ２　みりん大さじ１〉

●もやしのナムル

もやし２袋　B〈顆粒鶏ガラスープ小さじ１　にんにくのすりおろし・塩・こしょう各少々〉　ごま油大さじ½

雑穀ごはん適宜　すりごま・香菜・コチジャン・すだち各適宜

作り方

1　肉そぼろを作る。鍋にAの調味料を合わせて火にかけ、煮立ったらひき肉を加え、箸で混ぜながらしばらく煮る。火を止め、そのままおいて残った煮汁を含ませる。

2　もやしのナムルを作る。もやしは根を取り、たっぷりの熱湯でかためにゆでる。冷水に取ってざるに上げ、水気をよく絞り、ボウルに入れる。Bを順に加えてよくあえ、ごま油で風味をつける。

3　器に雑穀ごはんを盛り、肉そぼろ、もやしのナムルをのせる。すりごまをふり、香菜をのせ、コチジャンを添え、好みですだちを絞る。

アスパラガス

穂先がかたく締まり、茎がしっかりして、切り口がみずみずしいものを選びます。
はかまというのは、節々にある三角形の部分で、包丁で切り取ると仕上がりがきれいに。

アスパラの白あえ

豆腐とごまの風味が野菜にコクを加える白あえ。
ほうれん草やさやいんげんなどがおなじみですが、
アスパラで作ればごはんとパン、両方に合うおかずになります。

材料／4人分

グリーンアスパラガス（細いもの）250g　絹ごし豆腐1丁（300g）　練りごま小さじ2　砂糖大さじ1～1½　薄口しょうゆ・みそ各小さじ1　塩少々

作り方

1　豆腐はキッチンペーパーで包み、重しをして1～2時間おき、十分に水きりをする。水気をきった後の重さは約7割を目安にする。

2　アスパラは根元のかたい部分とはかまを取り、2㎝長さの斜め切りにしてゆでる。手早く冷水に取り、ざるに上げて水気をきる。

3　ボウルに①の豆腐を入れ、泡立て器ですり混ぜる。練りごま、砂糖、薄口しょうゆ、みそを加えてよく混ぜる。

4　②のアスパラはさらに水気を拭き、③のあえ衣に加えてあえる。味をみて塩を加え、器に盛る。

アスパラの肉巻き

アスパラの穂先まで豚肉で巻いたら、カリッと焼くだけ。
プチトマトの応用もあり、これは串に刺すとかわいい。
ワインのおもてなしにも喜ばれる人気のひと皿です。

材料／4人分

グリーンアスパラガス8本　プチトマト8個　豚しゃぶしゃぶ用肉適宜　塩・こしょう各少々　レモン適宜

作り方

1　アスパラは根元のかたい部分とはかまを取る。プチトマトはへたを取る。

2　アスパラは長いまま、1本に豚肉2枚くらいを目安に巻く。プチトマトは周囲を豚肉で巻く。

3　②に塩、こしょうをふり、予熱したオーブントースターで軽く焼き目がつく程度に焼く。

4　器にアスパラと串に刺したプチトマトを盛り、レモンを添える。 好みでさらにこしょうをふっていただく。

豚肉は焼くと縮んでしっかり野菜に巻きつくので、焼く前には多少巻き方がゆるくても、すき間ができていても構いません

アスパラのリゾット

私はお米が大好きなので、イタリア料理のリゾットもうちの好みに合わせてよく作ります。
アスパラのリゾットはお気に入りのひとつ。玄米のプチプチした食感に
歯ざわりのよいアスパラを加え、あれば枝豆も混ぜるといろいろな食感が楽しめます。
牛乳が入ると全体がなめらかに仕上がり、チーズのコクも加わって味に深みが出てきます。

材料／4人分

グリーンアスパラガス　4～5本
枝豆　½カップ(正味)
玄米　1カップ
水　3～3½カップ
顆粒コンソメ　小さじ1
牛乳　1カップ
塩・こしょう　各適宜
パルメザンチーズ　適宜

作り方

1 玄米は洗ってから30分くらい水につけ、ざるに上げて水気をきる。
2 アスパラは根元のかたい部分とはかまを取り、8㎜幅の小口切りにする。枝豆はゆでてさやから出す。
3 鍋に水、顆粒コンソメ、①の玄米を入れて火にかける。煮立ったら弱火にし、蓋をする。ときどき混ぜながら30分くらい煮る。
4 玄米がやわらかくなったら牛乳を加え、蓋をはずしてさらに10分くらい煮る。
5 アスパラと枝豆を加え、アスパラに火が通ったら塩、こしょうで味を調える。
6 器に盛り、パルメザンチーズをたっぷりとおろしかける。

アスパラと枝豆は食感ときれいなグリーンを残したいので、最後に加えて火を通し、煮すぎないようにします

トマト

全体の色が均一で、皮にハリがあり、ガクがみずみずしいものを選びます。
切るときはよく切れる包丁を使い、皮をむくときは湯むきするときれい。

プチトマトのピクルス

ほどよく味を含んだプチトマトを小皿に盛って氷鉢にのせ、バジルやすだちを添えて竹串でつまむ。
ピクルスを常備していると、こんな楽しみ方もふと思いつきます。
ピクルスは白ワインやスパイスを使うスタンダードなものばかりでなく、和風の甘酢使いもあります。
おなじみのものは一様にピクルスと呼んで、和洋を飛び越えて重宝しています。

材料／4人分

プチトマト　2パック（400g）
A
- 酢　1カップ
- 白ワイン　½カップ
- 水　⅓カップ
- 砂糖　40g
- 塩　小さじ1

粒こしょう　小さじ1
ローリエ　2枚
ミント・バジル・すだち　各適宜

作り方

1 Aを小鍋に合わせて火にかけて温め、砂糖が溶けたら火を止めて冷ます。
2 プチトマトは洗って、ヘタを取る。水気を拭き、つまようじで数か所つついて穴をあける。
3 保存容器やファスナー付きポリ袋などに②のトマトを入れ、①を注ぎ、粒こしょう、ローリエを加え、密閉して冷蔵庫に1～2日おく。
4 器に盛り、ミントやバジルをのせ、すだちを添える。

プチトマト全体がピクルス液につかるとむらなく味がしみます。ファスナー付きポリ袋なら空気を抜いて密閉できるので重宝です

みずみずしい甘酸っぱさが
口の中ではじけます

トマトの冷たいパスタ

特別なトマトでなくてもおいしいソースになります。
冷たくして食べるならパスタは細めのほうが好相性。
トマトソースが余ったら焼いた肉や魚に温めてかけても。

材料／4人分

トマトソース(作りやすい分量)／トマト(中)4～5個(約700g)　玉ねぎ½個　にんにく・しょうがのみじん切り各大さじ½　生唐辛子2本(なければ赤唐辛子の小口切り1本分)　タイム・イタリアンパセリ・バジル・ディルなど各2～3本　オリーブ油大さじ2　トマトピューレ大さじ1～2　塩・こしょう各少々
パスタ（ここではカッペリーニ使用）200g　パルメザンチーズのすりおろし・粗びきこしょう各適宜

作り方

1 トマトソースを作る。トマトは湯むきし、みじん切りにする。
2 玉ねぎは細かいみじん切りにする。生唐辛子は種を除いて細かく刻む。ハーブはかたい軸を除いて細かく刻む。
3 深めのフライパンにオリーブ油を熱し、にんにく、しょうがを炒め、香りが出たら玉ねぎを加え、しんなりするまでよく炒める。
4 ③に①のトマトを加え、ときどき混ぜながら20～30分煮る。
5 生唐辛子とハーブを加え、トマトピューレ、塩、こしょうで味を調える。ボウルなどに移し、粗熱が取れたら冷蔵庫で冷やす。
6 パスタをゆでる。ゆで時間は袋の表示を参考にゆでて、ざるに上げ、冷水でよく洗い、水気をきる。
7 器に⑥を盛り、⑤のトマトソースを適量かけ、好みでパルメザンチーズや粗びきこしょうをかける。

トマトの
ブルスケッタ

ブルスケッタには、味の濃いフルーツトマトが合います。
余ったバゲットで甘いシナモントーストも作り、
２つの味を一緒につまむのが私は好きです。

材料／８個分

フルーツトマト２個（200ｇ）　オリーブ油大さじ１　バルサミコ酢大さじ½　塩・こしょう各少々　バゲット適宜　A〈にんにくのすりおろし少々　バター（室温）大さじ１〉　バジル適宜

作り方

1 バゲットは1.5㎝幅の斜め切りにし、Ａをよく混ぜて片面に塗る。
2 予熱したオーブントースター、またはグリルパンで①を軽く色づくまでカリッと焼く。
3 フルーツトマトはヘタを取り、１～1.5㎝の角切りにする。
4 ボウルに③のトマトを入れ、オリーブ油をふり、バルサミコ酢、塩、こしょうを加えて調味する。
5 ②のバゲットに④を適宜のせ、バジルをちぎって添える。
＊好みでシナモントースト、オリーブのオレンジマリネと一緒にいただきます。

●シナモントースト／1.5㎝幅の斜め切りにしたバゲットの表面にバター適宜を塗り、グラニュー糖、シナモンパウダー各適宜を順にふる。熱したオーブントースターでカリッと軽く色づくまで焼く。
●オリーブのオレンジマリネ／オリーブの塩漬け（黒・緑）適宜にオレンジのスライス、オリーブ油、ハーブ（ここではレモンバーム）各適宜を加えてあえる。ハーブはミント系のものが合うのでお好みで。

きゅうり

表面のとげが目立つものが新鮮さの目安ですが、最近はとげがない品種も出回っています。
早めに使いきりますが、冷蔵庫に入れるときは野菜室にヘタを上にして立てて保存します。

たたききゅうり、細切り焼き肉のせ

きゅうりがたくさんあったら必ず作るのがきゅうりの中華風。
たたくとよく味がしみていっそうおいしくなります。
焼き肉を添えて食べると立派なおかずになり、食べ応えもあります。

材料／作りやすい分量

●たたききゅうり

きゅうり6本　しょうゆ・酢各½カップ　砂糖大さじ４　ごま油少々　しょうが30ｇ　赤唐辛子の小口切り２本分

●細切り焼き肉

牛肉焼き肉用薄切り150ｇ　サラダ油少々　焼き肉のたれ（市販品）大さじ２　香菜適宜

作り方

1. きゅうりの両端を軽く切り落とし、すりこぎやめん棒でたたいて亀裂を入れる。
2. しょうゆ、酢、砂糖、ごま油を合わせてよく混ぜる。
3. しょうがはせん切りにする。
4. ①のきゅうりをポリ袋などに入れ、②のたれを注ぎ、しょうがと赤唐辛子を加え、冷蔵庫に２～３時間以上おく。
5. 牛肉は細切りにする。フライパンにサラダ油を熱し、牛肉を強火で炒める。焼き肉のたれで調味し、汁気が少なくなるまで手早くからめる。
6. 器にきゅうりを盛り、⑤の焼き肉をのせ、香菜を添える。

イカときゅうりの中華炒め

さっと火を通したきゅうりは、生とは違うやさしい味わい。
皮をむくと口当たりがよいので、縞目にして変化をつけます。
イカも火の通りが早いから、炒め始めたらあっという間に完成。

材料／４人分

きゅうり２本　イカ（刺身用）１ぱい　しょうがのせん切り１片分　サラダ油大さじ２　紹興酒大さじ１　顆粒鶏ガラスープ小さじ½　塩・こしょう各少々　ごま油適宜　花椒（すりつぶしたもの）適宜

作り方

1 きゅうりは皮を縞目にむいて、縦半分に切る。種を削り取り、２cm幅の斜め切りにする。

2 イカの胴は皮をむき、斜め格子に切り込みを入れ、横２cm幅に切ってからひと口大に切る。

3 エンペラも同じくらいの大きさに切り、足は先を切り落とし、２本ずつに切り分ける。

4 フライパンにサラダ油を熱し、しょうがを炒める。香りが出たら強火でイカを加えて炒め、紹興酒を入れ、軽く塩、こしょうをふる。

5 きゅうりを加えて手早く炒め合わせ、顆粒鶏ガラスープをふり、さらに塩、こしょうで味を調える。ごま油で風味をつけ、器に盛り、花椒をふる。

かぼちゃ

一般的な黒皮栗かぼちゃは、ほどよい甘みとホクホクした食感が特徴。
丸ごとなら長く保存できます。カットしたものは、種とワタを除いて冷蔵庫で保存。

かぼちゃのマッシュ肉あんかけ

電子レンジならかぼちゃがすぐにやわらかくなり、マッシュも手軽。
あとに加えるもの次第で、おかずになったりおやつになったり。
肉あんをかける食べ方は、うちのお急ぎ野菜料理のひとつ。

材料／４人分

かぼちゃ¼個（正味600ｇ）　豚切り落とし肉200ｇ　A〈だし汁１カップ　しょうゆ大さじ２½　みりん大さじ３　砂糖大さじ１　塩少々〉　片栗粉・水各大さじ１　しょうがのすりおろし適宜

作り方

1. かぼちゃは種とワタを取り、ひと口大に切って、皮も削り取る。
2. 豚肉は粗く刻んでから粗くたたく。
3. 耐熱ボウルにキッチンペーパーを敷き、かぼちゃを入れてラップをして、電子レンジで６～７分加熱する。やわらかくなったらキッチンペーパーをはずし、かたまりが残るくらいにつぶす。
4. 鍋にAを合わせて煮立て、豚肉を加えてほぐし、アクが出たら除く。肉に火が通ったら同量の水で溶いておいた水溶き片栗粉を加えてとろみをつける。
5. 器に③のかぼちゃのマッシュを盛り、④の熱い肉あんをかけ、しょうがのすりおろしを添えていただく。

素揚げかぼちゃの
ねぎオイルがけ

甘いかぼちゃは苦手という人も、つまみたくなる味。
揚げたてのかぼちゃにねぎオイルと塩味がしみていきます。
揚げかぼちゃが残れば、さっとめんつゆで煮ても。

材料／4人分

かぼちゃ300g　長ねぎのみじん切り大さじ2　揚げ油適宜　ごま油大さじ3　塩またはしょうゆ適宜

作り方

1. かぼちゃは種とワタを除き、2㎝角に切る。耐熱皿にキッチンペーパーを敷き、かぼちゃを平らにのせてラップで包み、電子レンジで約3分加熱する。
2. 揚げ油を熱して①のかぼちゃをさっと揚げ、油をきる。
3. 長ねぎにごま油を加え、揚げたてのかぼちゃにかけ、塩をふる。または好みでしょうゆをかける。

長ねぎ

関東でねぎといえばおもに白い部分を食べる根深ねぎ、関西では九条ねぎに代表される青いねぎが好まれます。
切り方も料理に合わせてみじん切り、小口切り、斜め切り、細切りほか、いろいろに工夫して。

ねぎもち

ねぎもちは材料の種類が少ないので作りやすく、焼きたてがおいしいから長年作り続けています。
甘くないおやつとしてうちの子どもたちにも人気でした。
ぎょうざの皮に似た生地は、あまり気を遣わずにこねてまとめて30分おくだけ。
ちょっとくらい具がはみ出るのもご愛嬌、みんなでワイワイ作って楽しめるレシピです。

材料／４枚分

強力粉　１カップ
薄力粉　１カップ
水　¾カップ
長ねぎ　２本
ハム　２枚
打ち粉（強力粉）　適宜
ごま油　適宜
こしょう　少々
サラダ油　大さじ２
ラー油酢じょうゆ　適宜

作り方

1 ボウルに強力粉、薄力粉を合わせてふるい入れる。様子を見ながら水を加えて耳たぶくらいのやわらかさによく練り、ひとつにまとめ、30分くらいねかせる。

2 長ねぎとハムはみじん切りにする。

3 ①の生地を４等分にし、打ち粉をしながら15㎝×25㎝くらいの大きさにのばす。表面にごま油を薄く塗り、②の¼をちらし、こしょうをふる。巻いて棒状にしたものを端からうず巻き状にして、一方の端を裏側にはさみ込み、全体を軽く押さえて直径12〜13㎝くらいにのばす。

4 フライパンにサラダ油大さじ½を熱し、③を入れて両面に焼き目をつけたら、水約½カップ（分量外）を加えて蒸し焼きにする。水分がなくなったらごま油少々を加え、カリッと仕上げる。残りも同様に焼く。

5 焼きたてを食べやすく切り、ラー油酢じょうゆでいただく。

香ばしい焼きたてを
みんなでつまむのが楽しい

長ねぎのグラタン

ホワイトソースがなくても作れるグラタンです。
長ねぎにアンチョビ入り生クリームのソースをかけて焼くだけ。
あつあつを口に運ぶと、ねぎの香ばしい甘さが広がります。

材料／４人分

長ねぎ３本　アンチョビ３枚　Ａ〈生クリーム１カップ　塩・こしょう各少々〉　ピザ用チーズ100ｇ

作り方

1 オーブンは230℃に予熱する。

2 長ねぎは５〜６㎝長さのやや太めのせん切りにする。アンチョビはごく細かいみじん切りにする。

3 小鍋にＡとアンチョビを合わせて混ぜ、煮立つ手前まで温める。

4 耐熱容器に半量の長ねぎを入れ、半量のチーズをちらし、残りの長ねぎをのせる。表面に残りのチーズをのせ、③を回しかけ、230℃のオーブンで約25分焼く。

長ねぎとしいたけの さっと炒め

結婚以来、ずっと作っている手軽な一品。
日本酒のつまみになにかちょっと、というときも便利です。
調味料は酒としょうゆだけでいつも味が決まります。

材料／４人分

長ねぎ２本　生しいたけ８個　サラダ油大さじ２　酒大さじ２　しょうゆ大さじ１～１$\frac{1}{2}$　七味唐辛子または粉山椒適宜

作り方

1 長ねぎは２～３㎝幅の斜め切り、しいたけは石づきを取り、斜め３等分のそぎ切りにする。

2 フライパンにサラダ油を熱し、長ねぎとしいたけを入れて炒める。酒をふってからめ、しょうゆを加え、手早く炒め合わせる。

3 器に盛り、好みで七味唐辛子や粉山椒をふる。

白菜

葉先までかたくしっかり巻いて、重さがあり、ハリのあるものを選びます。
カットしてあるものは、断面を見て盛り上がっていたら切ってから時間がたっています。

白菜の即席漬け

ごはんのときにうちでは漬物が欠かせません。市販品できらさないようにしているのは
例えばしば漬け、たくあん漬け、野沢菜漬けなど、お気に入りの数種類。
自家製では白菜の即席漬けが定番で、黄ゆずを使うので、どうしても寒い時期限定になりますが、
炊きたてのごはんと白菜漬けがあれば、毎日の朝ごはんがぐっと楽しみになります。

材料／作りやすい分量

白菜　400g
ゆず　1個
塩　小さじ1
昆布茶　小さじ1
赤唐辛子の小口切り　1本分

作り方

1 白菜は4～5㎝角に切り、ゆずは薄い輪切りにする。
2 ボウルに白菜を入れ、塩、昆布茶、赤唐辛子を加え、味をからめるように手でよく混ぜる。
3 ②を容器に移し、ところどころにゆずを混ぜ込む。容器に内蓋をし、重しをして一晩おく。食べるときに軽く水気を絞る。
＊市販の漬物容器を使うと手軽です。

ラーパーツァイ

中国の白菜の甘酢漬けを、私なりに作りやすくしています。
花椒のさわやかな辛味と仕上げに加えるあつあつのごま油が決め手。
これを作って冷蔵庫に入れておくと数日間は日持ちします。
食卓におかずが並ぶ前に小皿でちょっと出すと食欲増進になるみたいです。

材料／作りやすい分量

白菜　800g
にんじん　5～6㎝
しょうが　1片
赤唐辛子　1～2本
塩　少々
A
酢　2カップ
砂糖　80g
塩　小さじ2
花椒　大さじ1
ごま油　大さじ2

作り方

1 白菜は6～7㎝長さ、8㎜幅のせん切りにする。にんじんは細いせん切りにする。
2 しょうがはせん切り、赤唐辛子は種を除いて小口切りにする。
3 白菜とにんじんにそれぞれ軽く塩をふって混ぜ合わせ、しんなりしたら軽く水気を絞る。
4 ボウルにAを合わせて甘酢を作る。
5 容器に②と③を合わせ、④の甘酢をかけて軽くあえる。軽くつぶした花椒をのせ、煙が出るくらいに熱したごま油をかける。
6 ⑤にラップをかけ、冷蔵庫でよく冷やす。味をみて足りなければ酢、砂糖を好みで加える。

白菜の
せん切りサラダ

白菜の軸のシャキシャキ感を生かすならサラダがおすすめ。厚みがあるところは薄くスライスするのが私のこだわりで、これを縦にせん切りすれば食感がよく、見た目もきれいです。

材料／４人分

白菜の軸400～500ｇ　油揚げ１枚　三つ葉½束　Ａ〈おろししょうが大さじ１　すし酢・しょうゆ各大さじ４　ごま油大さじ１〉　黒切りごま適宜

しょうがとごま油風味のあっさりとしたしょうゆドレッシングです。水菜と油揚げのサラダ、大根のせん切りサラダなどにも利用

作り方

1　白菜の軸は７～８㎝長さに切り、厚みのある部分は半分にしてせん切りにする。

2　油揚げは焼き網などで両面をこんがりと焼いてせん切りにする。三つ葉は５～６㎝長さに切る。

3　ボウルにＡを合わせてドレッシングを作る。

4　①と②をふわっと合わせて器に盛り、切りごまをふり、③のドレッシングを添える。

＊白菜を軸と葉に分けるには、１枚ずつはがした葉の白い軸部分を輪郭に沿ってＶ字に切り取ります。

白菜とひき肉の
あんかけごはん

鍋の具材の白菜が残ったとき、無駄にしたくなくて考えたレシピです。
白菜を粗みじんに切ると前日とはまったく違って見えるでしょう。
豚肉と炒めてとろみをつけ、ごはんにかけるのがうちの食べ方です。

材料／4人分

白菜300g　豚ひき肉200g　しょうがのみじん切り大さじ1　長ねぎのみじん切り½本分　サラダ油大さじ1　A〈水2カップ　中華スープペースト小さじ2　しょうゆ大さじ6　紹興酒・みりん各大さじ2　砂糖小さじ2　こしょう少々〉片栗粉・水各大さじ2　ごはん適宜　七味唐辛子適宜

作り方

1. 白菜は葉と軸に切り分け、それぞれを粗みじん切りにする。
2. 小鍋にAの材料を合わせて温める。片栗粉は同量の水で溶いておく。
3. 深めのフライパンにサラダ油を熱し、しょうがと長ねぎを焦がさないように炒め、香りが出たらひき肉を入れ、ほぐしながら焼きつけるように炒める。
4. ひき肉にほぼ火が通ったら白菜の軸を加えてさっと炒め、軽く火が通ったところで葉を加えてよく炒める。
5. ④にAの調味液を加えて軽く煮て、水溶き片栗粉でとろみをつける。
6. できたての⑤を温かいごはんにかけ、好みで七味唐辛子をふっていただく。

ほうれん草

選ぶときは、葉先がピンと張って根元が鮮やかな紅色のものが新鮮です。
アクが強いので下ゆでしますが、茎と葉に分けて火が通りにくい茎から先にゆで始めます。

ほうれん草の ごまあえ

ごまあえにすると、ほうれん草１束くらいすぐに食べきれます。
味つけの基本を覚えたら、あとは好みに合わせて微調整。
時間がたって水気が出てきたら軽くきって、調味し直します。

材料／４人分

ほうれん草１束（250g）　炒りごま50g　砂糖大さじ１　しょうゆ大さじ½〜１弱　みりん大さじ１　塩適宜　すりごま適宜

作り方

1 ごまは弱火で軽く空炒りして香りを出し、すり鉢に入れてねっとりするまでよくすりつぶす。砂糖、しょうゆ、みりんを加えて混ぜ合わせる。

2 ほうれん草は茎と葉に切り分ける。沸騰した湯に塩少々を加え、茎から先に入れてゆでる。冷水に取り、水気を絞って３〜４㎝長さに切る。

3 ほうれん草の水気をさらに絞り、ほぐしながら①に加えてよくあえる。味をみて足りなければ塩で調える。

4 器に盛り、好みですりごまをふる。

ほうれん草とモッツァレラのグラタントースト

パンにほうれん草のマヨネーズあえをのせ、チーズをのせて焼いた
なにげない材料でできる、かわいらしいレシピです。
焼きたてのチーズが溶けたところをひと口かふた口でどうぞ。

材料／8個分

ほうれん草½束　ハム1枚　モッツァレラチーズ½個　マッシュルームスライス(小)½缶　食パン(6枚切り)適宜　マヨネーズ大さじ2
塩・こしょう各少々

トーストしたパンにほうれん草のマヨネーズあえをこんもりとのせ、端を整えます

作り方

1　オーブンは250℃に予熱する。
2　ほうれん草はかためにゆでて冷水に取り､水気を絞って1㎝長さに切る。
3　ハムはごく細かいみじん切りにする。マッシュルームは水気をきり、半分に切る。モッツァレラチーズは水気をきって薄切りにする。
4　パンは直径5㎝くらいの型で抜き、焼き色がつかないくらいに軽く焼いておく。
5　ほうれん草の水気をもう一度絞り、ボウルに入れる。ハム、マッシュルームを加え、マヨネーズであえ、塩、こしょうで味を調える。
6　④のパンに⑤を等分してのせ、モッツァレラチーズをのせる。250℃のオーブンでチーズが溶けるまで5分くらい焼く。

キャベツ

春キャベツに続き、高原キャベツ、冬キャベツ、そのほかの品種も加えて一年中出回っています。
保存は底の芯のまわりを包丁でくりぬき、水でぬらしたキッチンペーパーを詰めてポリ袋に入れて野菜室へ。

コールスロー

キャベツのせん切りやコールスローなど、生で食べるキャベツが私はとにかく大好き。
胃がすっきりする気がするのは、たしかにそういう栄養素があるからだそうで、
「キャベツよ、ありがとう」といいたい気分です。
ここではコールスローを中心にオムレツやフランクフルトを組み合わせた朝ごはんの献立に。

材料／作りやすい分量

キャベツ　600g
にんじん　50g
玉ねぎ　½個
塩　小さじ½
A
- 顆粒コンソメ　少々
- 酢　大さじ2
- マヨネーズ　大さじ2
- 砂糖　少々
- 塩・こしょう　各少々

オムレツとフランクフルト（1人分）
- 卵　2個
- 塩・こしょう　各少々
- フランクフルト　1本
- サラダ油・粒マスタード　各適宜

玄米焼きおにぎり　適宜

作り方

1 キャベツはひと口大のザク切りにする。にんじんは1cm幅の斜め切りにしてから薄切りにする。玉ねぎは薄切りにし、水にさらして水気をよくきる。

2 ボウルにキャベツとにんじんを合わせ、塩をふってからめて10分くらいおく。

3 ②の野菜はキッチンペーパーなどで水気を拭き取る。

4 ③に玉ねぎ、Aの顆粒コンソメ、酢を順に加えて混ぜ、マヨネーズを加え、砂糖、塩、こしょうで味を調える。

5 オムレツを作る。ボウルに卵を割りほぐし、軽く塩、こしょうする。フライパンにサラダ油大さじ1を熱して卵液を流し入れ、大きく混ぜて半熟状になったらまとめる。

6 フランクフルトは切り離さないよう縦半分に切って開き、サラダ油少々を熱したフライパンで両面を焼く。

7 器に④のコールスロー、⑤のオムレツ、⑥のフランクフルトを盛り合わせ、好みで粒マスタードを添え、焼きおにぎりを組み合わせる。

キャベツとにんじんに塩をふってしんなりさせ、余分な水気を除いてから調味します。酸味は好みに合わせて、酢の量を加減して

キャベツの ペペロンチーノ

にんにく、唐辛子風味のペペロンチーノにアンチョビをきかせ、キャベツの甘みとクリームのコクをプラス。できたてを待ち構えて、すぐに食べてほしいパスタです。

材料／2人分

キャベツの葉3～4枚（200g）　アンチョビ3～4枚　にんにくの薄切り1片分　赤唐辛子の小口切り1本分　オリーブ油大さじ2　スパゲッティ200g　生クリーム大さじ2　塩・こしょう各少々　好みのパン適宜

最後に加える生クリームがおいしさの決め手。にんにく、赤唐辛子、アンチョビの強い風味をやわらげてコクを加えます

作り方

1. キャベツは大きくザク切りにする。
2. 鍋にたっぷりの湯を沸かし、袋の表示を参考にスパゲッティをゆで始める。
3. フライパンにオリーブ油を熱してにんにくを炒め、香りが出たらアンチョビを加える。キャベツを加えて炒め合わせ、赤唐辛子を入れる。
4. ③にゆで上げたスパゲッティの水気をよくきって加える。手早く炒め合わせたら生クリームを加えてなじませ、塩、こしょうで味を調える。好みでパンを添える。

酢キャベツと
イワシのソテー

酢キャベツはザワークラウトの簡単版です。
私は実山椒の佃煮でピリッと仕上げるので、魚のソテーとも合います。
もちろんソーセージと相性がいいのでホットドッグにはさんでも。

材料／作りやすい分量

●酢キャベツ

キャベツ（内側のかためのの部分）500g　顆粒コンソメ小さじ1　水$\frac{1}{2}$カップ　オリーブ油大さじ3　ワインビネガー$\frac{1}{3}$カップ　実山椒の佃煮大さじ1〜2　塩・こしょう各少々

●イワシのソテー

イワシ（大・3枚おろし）2尾分　オリーブ油大さじ1　塩・こしょう各少々　粗びきこしょう・レモン各適宜

好みのパン適宜

作り方

1 キャベツはせん切りにする。

2 鍋に顆粒コンソメと水を入れ、温めておく。

3 深めのフライパンにオリーブ油を熱し、キャベツを軽く炒める。

4 ③にワインビネガーと②のスープを加え、火を止めてから実山椒の佃煮を加え、塩、こしょうで味を調える。粗熱が取れたら冷蔵庫に入れ、しばらくおいて味をなじませる。

5 イワシのソテーを作る。フライパンにオリーブ油を熱し、イワシを皮目から入れ、軽く塩、こしょうをふる。焼き色がついたら返して両面焼く。

6 器に④の酢キャベツと⑤のイワシのソテーを盛り合わせる。好みで粗びきこしょうをふって、レモンを絞り、パンを添えていただく。

しいたけ

きのこは一般的に水洗いはしないで、汚れは拭き取る程度にします。
根元のかたい石づきは切り落としますが、うまみがあるしいたけの軸は細く裂いて炒め物、汁物などに。

しいたけ、大豆、桜エビの混ぜごはん

だし汁と薄く色づく程度のしょうゆ味で炊いた大豆ごはんに
たっぷりのしいたけと桜エビを甘辛く炒り煮にして混ぜ込みます。
素朴なおいしさは不思議と食べ飽きません。

材料／４人分

大豆(乾燥)½カップ　米２カップ　しいたけ２パック(10～12個)　桜エビ(乾燥)20ｇ　Ａ〈薄口しょうゆ・みりん各大さじ１　だし汁適宜　塩少々〉　Ｂ〈しょうゆ大さじ２　砂糖大さじ１　みりん大さじ２〉

作り方

1. 大豆は洗って、たっぷりの水に一晩浸して戻し、水気をよくきる。
2. 米は洗ってざるに上げる。しいたけは薄切りにする。
3. Ａの薄口しょうゆ、みりんにだし汁を足して２カップに計量し、塩少々を加える。
4. 小鍋にしいたけ、桜エビとＢを加え、煮汁がなくなるまで炒り煮する。
5. 炊飯器に米を入れ、①の大豆をのせ、Ａを注いで炊く。炊き上がったら④を加え、さっくりと混ぜ合わせる。

豚肉、しいたけ、白菜の黒酢炒め

炒め物をおいしく作るには、下ごしらえが大事です。
材料を切り、調味料や水溶き片栗粉を準備したら、あとは一気呵成。
しいたけのうまみと黒酢の風味が際立つ一品ができました。

材料／４人分

しいたけ(大)６個　豚バラ薄切り肉150ｇ　白菜400ｇ　ゆでたけのこ(小)１個　サラダ油大さじ２〜３　Ａ〈黒酢½カップ　スープ(顆粒鶏ガラスープ少々を湯¼カップで溶いたもの)　紹興酒大さじ１　砂糖大さじ１　しょうゆ大さじ２〉　片栗粉・水各大さじ½〜１　七味唐辛子適宜

作り方

1　しいたけは石づきを取り、２等分のそぎ切りにする。

2　豚肉は長さを３〜４等分に切る。

3　白菜は葉と軸に分けて５〜６㎝長さのザク切りにする。たけのこは薄切りにする。

4　小鍋にＡを合わせて温める。片栗粉は同量の水で溶いておく。

5　フライパンにサラダ油大さじ１を熱し、豚肉を入れて炒める。途中で残りのサラダ油を足しながら、しいたけ、白菜の茎、葉、たけのこを順に加えて炒め合わせ、Ａの調味液を入れて手早くなじませる。水溶き片栗粉をもう一度混ぜて加え、とろみをつける。

6　器に盛り、好みで七味唐辛子をふる。

第5章

主役になる肉と魚介

私はいつも素材を見ながら食べたい料理を思い浮かべて献立を決めています。豚肉はほどよく脂の混ざった肩ロースがおいしくて使い勝手もいいので、うちではいつもかたまりで用意しています。牛肉は夫が好きなステーキ用と、ちょっといい切り落とし肉。鶏モモ肉も揚げ物に、ソテーに、ゆで鶏にと手軽で重宝な素材だけに欠かせません。魚介類は和洋に使いやすいエビやホタテは冷凍でもストック。素材はやはり身近な肉や魚介が中心です。メイン料理が決まれば、それに合わせて野菜を充実させるのも私の楽しみです。

鶏肉

例えばから揚げにはモモ肉、煮込み料理には骨つき肉やゼラチン質の多い手羽、
汁物やあえ物、茶碗蒸しなどには脂肪の少ない胸肉やささみなどがよく合います。

鶏の細切り竜田揚げ

子どもたちが小さい頃から、鶏のから揚げはうちでも人気です。
友だちを連れてくることも多かったので、大きく切ると数が足りなくなることも。
そんなときに思いついたのが、鶏を細切りにした竜田揚げ。
野菜に巻けばバランスもよく、つまみやすいのでおもてなしにも喜ばれます。

材料／4人分

鶏モモ肉　2枚
A
- しょうゆ　大さじ3
- 酒・みりん　各大さじ½
- しょうが汁　小さじ1
- にんにくのすりおろし　少々

サラダ菜　1株
長ねぎ　½本
きゅうり　1本
貝割れ菜　1パック
片栗粉・揚げ油　各適宜
マヨネーズ・テンメンジャン・トマトケチャップ　各適宜

作り方

1 鶏肉は棒状に細長く切る。
2 ボウルにAを合わせて鶏肉を入れ、よくもみ込んでおく。
3 サラダ菜は1枚ずつはがして洗い、冷水でパリッとさせ、水気をよくきる。長ねぎは5〜6㎝長さのせん切り、きゅうりは長さを3等分して半割りにし、種を除いてせん切りにする。貝割れ菜は根元を切り落とす。
4 鶏肉の汁気をよくきり、1切れずつ片栗粉をたっぷりとつけ、熱した油でカリッと揚げ、中まで火を通す。
5 器に③の野菜と④の竜田揚げを盛り合わせ、好みでマヨネーズ、テンメンジャン、トマトケチャップを添えて巻いていただく。

サラダ菜を広げ、きゅうり、長ねぎ、貝割れ菜と竜田揚げをのせます。好みでソースを何種類か添えると味の変化が楽しめます

照り焼きチキン、アボカド豆腐ソース

鶏肉のメインおかずを手早く作ろうと思ったら、フライパンで焼くのが一番です。
私のお気に入りは照り焼きチキン。皮目をカリッと焼くのがコツで
レタスやサラダリーフミックスなどの生野菜を添えるだけで立派なひと皿になります。
アボカド豆腐ソースをつけ合わせ感覚でプラスすれば、さらにごちそうです。

材料／4人分

●アボカド豆腐ソース

絹ごし豆腐　½丁

アボカド　1個

レモン汁　少々

カッテージチーズ　大さじ3

A

- 顆粒コンソメ　小さじ1½
- マヨネーズ　大さじ2
- 塩・こしょう　各少々

●照り焼きチキン

鶏モモ肉(小)　4枚

塩・こしょう・サラダ油　各少々

B

- しょうゆ　大さじ2
- みりん　大さじ2
- 砂糖　小さじ2

レタスのザク切り・ごはん・白ごま・しば漬け　各適宜

和がらし　少々

作り方

1 アボカド豆腐ソースを作る。豆腐はキッチンペーパーで包み、網かざるにのせて十分に水きりをする。

2 アボカドは果肉を取り出してボウルに入れ、レモン汁をふってつぶす。豆腐をちぎってボウルに加え、カッテージチーズも加えて混ぜ、Aで調味する。

3 鶏肉は皮目にフォークなどで穴をあけ、軽く塩、こしょうする。

4 フライパンにサラダ油を熱して鶏肉を皮目から焼き、中まで火を通して取り出す。

5 ④のフライパンにBを入れ、少し煮詰めたら鶏肉を戻して味をからめる。

6 器にレタスを敷いて⑤をのせ、残った焼き汁をかける。ごまをふったごはんとしば漬けを添える。チキンを切り分け、アボカド豆腐ソースと和がらしをつけていただく。

鶏肉は皮目から入れてあまり触らずにおき、カリッといい焼き色がついたら返します

手軽な鶏肉のおかずが
ごちそうに早変わり

ゆで鶏ときゅうりのごまだれ

ゆで鶏は応用のきく料理です。あっさり作りたいときはささみや胸肉、
ボリューム感がほしいときはモモ肉、それも骨つきなら断然うまみがあります。
ゆで鶏ときゅうりのごまだれのときも骨つき肉で作れば、ぐっとおもてなし風。
おまけにゆで汁がおいしいので、うちではラーメンスープや炒め物などに使っています。

材料／5～6人分

鶏骨つきモモ肉　3本
長ねぎの青い部分　適宜
しょうが(つぶしたもの)　1片分
紹興酒　¼カップ
水　10カップ
きゅうり　3本
塩　少々
ごまだれ
- 練りごま　大さじ4
- 鶏のゆで汁　大さじ4
- 酢　大さじ2
- 砂糖　大さじ1½
- しょうゆ　大さじ2
- 長ねぎのみじん切り　大さじ3
- にんにくのみじん切り　小さじ2
- しょうがのみじん切り　小さじ2

作り方

1 ゆで鶏を作る。鶏肉は洗って水気を拭き、骨に沿って切り込みを入れる。大きめの鍋に分量の水を沸かし、鶏肉、長ねぎ、しょうが、紹興酒を入れ、再び煮立ったらアクを取り、火を弱めて15分くらいゆでる。火を止め、そのまま10分ほどおく。

2 ゆで鶏の肉を骨からはずし、そぎ切りにする。ゆで汁は取りおく。

3 きゅうりは塩をふって板ずりして洗い、水気を拭く。軽くたたいて亀裂を入れ、長さを3等分してから食べやすく縦に割る。

4 ごまだれを作る。練りごま、鶏のゆで汁、酢、砂糖、しょうゆを混ぜ合わせ、長ねぎ、にんにく、しょうがを加える。

5 器に②のゆで鶏と③のきゅうりを盛り、ごまだれをかける。

ゆで鶏は火を止めてしばらくゆで汁につけておくとよりジューシーになります。余ればサラダ、あえ物、汁物、サンドイッチなどに

ゆで鶏のスープで作るもう一品

肉みそもやしラーメン

材料／4人分

肉みそ〈豚肩ロース薄切り肉200g　長ねぎ1本　にんにくのすりおろし小さじ1　サラダ油少々　A(砂糖小さじ1　しょうゆ大さじ1　みそ・鶏のゆで汁各大さじ4)〉
スープ〈鶏のゆで汁約8カップ　B(中華スープペースト・しょうゆ各大さじ1　みそ大さじ6～7)〉
もやし1袋　ニラ1束　サラダ油大さじ2　塩・こしょう各少々　中華麺(生)4玉

作り方

1 肉みそを作る。豚肉は細かく刻んでからさらに軽くたたく。長ねぎはみじん切りにする。フライパンにサラダ油を熱して豚肉を炒め、にんにくを入れて炒め合わせる。Aで調味し、途中で長ねぎを加え、炒めながらなじませる。

2 スープを作る。鍋に鶏のゆで汁を入れ（ゆで汁が分量に足りなければ水を足す)、ひと煮立ちさせ、Bで調味する。

3 もやしは根と芽を取る。ニラは5cm長さに切る。フライパンにサラダ油を熱し、もやし、ニラを順に加えて炒め、塩、こしょうで調味する。

4 中華麺をかためにゆでて器に分け入れ、あつあつのスープを注ぐ。③の野菜と、肉みそを大さじ2くらいのせて混ぜながらいただく。

豚肉

カツやしょうが焼き、酢豚などにいちばんよく使う部位がロース肉、モモ肉、肩ロース肉あたりです。
ヒレ肉は豚肉の中で最もやわらかく、ソテーやカツにも。バラ肉は最も脂肪が多く、角煮や炒め物に。

レンジゆで豚のポトフ

レンジゆで豚はうちのレンジ料理の定番で、スライスしてサラダに入れたり
ラーメン、チャーハンの具などに使える、おいしさの素です。
このレンジゆで豚のポトフはその進化形で、野菜も一緒に加えます。
２分ほど多めに加熱しますが、２人分のポトフがびっくりするくらい上手にできます。

材料／２人分

豚肩ロースかたまり肉　300ｇ
じゃがいも　１個
にんじん　½本
玉ねぎ　¼個
ローリエ　１枚
スープ（顆粒コンソメ大さじ１を熱湯２カップで溶いたもの）
マスタード・オリーブ油・こしょう　各適宜
パン　適宜

作り方

1 豚肉は早めに冷蔵庫から出しておく。
2 じゃがいもは皮をむいて２～３cm角に切り、水にさらしてから水気をよくきる。にんじん、玉ねぎもじゃがいもと同じくらいの大きさに切る（野菜は合わせて約250ｇが目安）。
3 耐熱容器に①の豚肉、②の野菜、ローリエを入れ、顆粒コンソメを熱湯で溶いたスープを加える。ラップをふんわりとかけ、電子レンジで約10分加熱する。豚肉の上下を返し、そのまま少しおいて中まで火を通す。
4 豚肉を取り出し、２等分して器に盛る。
5 容器に残ったスープと野菜がぬるくなっていたら、レンジで再加熱して④の上にかけ、こしょうをふる。好みでマスタード、オリーブ油を添え、パンと一緒にいただく。

豚肉300ｇが電子レンジにかける１回分としてちょうど適量。肩ロース肉を使うとやわらかいうえにうまみが出ます

豚ヒレ肉としめじの煮込み

これは私が料理の仕事を始める前から、ときどきうちで作っていたレシピです。
いつだったか娘にうちの味で好きなものはと聞いたら、この料理名が返ってきました。
豚肉を薄切りにすると早く仕上がり、厚めに切るとボリューム満点で娘が好きなのはこちらのほう。
やわらかめのマッシュポテトはおかわり続出なので、うちではいつも多めに作っています。

材料／4人分

豚ヒレ肉（かたまり）　400g
しめじ（大）　4パック
にんにく　1片
オリーブ油　大さじ3
白ワイン　1カップ
ステーキスパイス　大さじ2
塩　適宜
薄口しょうゆ　小さじ2
マッシュポテト
- じゃがいも　4個（正味380g）
- 牛乳　¾カップ
- 生クリーム　¼カップ
- 顆粒コンソメ・塩・こしょう　各少々

パン　適宜

作り方

1 豚肉は薄くスライスする。しめじは石づきを取り、小房に分ける。にんにくは薄切りにする。

2 鍋にオリーブ油大さじ2を熱し、にんにくを炒めて香りが出たら豚肉を入れ、塩をふりながら炒める。残りのオリーブ油を足してしめじを炒め合わせ、ワインを加える。

3 煮立ってアクが出たら取り、ステーキスパイスをふってしばらくフタをして蒸し煮にする。薄口しょうゆ、塩で味を調える。

4 マッシュポテトを作る。じゃがいもは皮をむき、ひと口大に切って水にさらして水気をきる。耐熱ボウルにキッチンペーパーを敷いてじゃがいもを入れ、ふわっとラップをかけて電子レンジで約8分加熱する。

5 ペーパーをはずし、じゃがいもが熱いうちによくつぶして牛乳、生クリームを順に加えて混ぜ、顆粒コンソメ、塩、こしょうで味を調える。

6 器に③と⑤を盛り合わせ、好みのパンを添える。

＊ステーキスパイスはこしょう、玉ねぎ、しょうがほかをミックスした市販のスパイス。子ども用には量を控えめにします。

つけ合わせはゆるめの
マッシュポテトがぴったり

黒酢の酢豚

黒酢の香りが食欲を誘う、甘さ控えめの酢豚がうちの定番です。
たまに昔ながらのケチャップ味が食べたくなって作りますが、
きりっとした黒酢のほうにまた戻ってきてしまいます。
豚肉は大きく切るので、中に火が通るまでじっくり揚げましょう。

材料／4人分

豚肩ロースかたまり肉　500g

A

- 紹興酒　大さじ1
- しょうゆ　小さじ1
- ごま油　小さじ1

玉ねぎ　½個

ピーマン　2個

パプリカ(赤・黄)　各½個

B

- 黒酢　大さじ6
- 砂糖　大さじ2
- 紹興酒　大さじ1
- しょうゆ　小さじ2
- スープ(顆粒鶏ガラスープ少々を湯¼カップで溶いたもの)

片栗粉・揚げ油　各適宜

サラダ油　大さじ1

片栗粉・水　各小さじ1

ごま油　適宜

作り方

1. 豚肉は2～3㎝角に切り、Aをからめて10分くらいおいて下味をつける。
2. 玉ねぎは2～3㎝角に切る。ピーマン、パプリカは縦半分に切り、種を除いて同様に切る。
3. Bの材料を合わせておく。片栗粉は同量の水で溶いておく。
4. ①の豚肉の汁気をきって片栗粉をたっぷりつけ、熱した油でカリッと揚げ、中まで火を通す。
5. フライパンにサラダ油を熱し、②の野菜を順に炒め、Bを加えて煮立て、水溶き片栗粉でとろみをつける。
6. ⑤に④の豚肉を加えてからめ、ごま油を加えて風味をつける。

豚肩ロースかたまり肉を2～3㎝角に切り、紹興酒、しょうゆ、ごま油をからめて10分ほどおくと、でき上がりの味に深みが出ます

牛肉

牛肉を手頃な値段でおいしく楽しむには、切り落とし肉が食べごたえがあって重宝します。
これを包丁でたたいたり、フードプロセッサーにかければ、好みのひき肉も簡単。

牛肉とたけのこのおすし

新たけのこの季節を過ぎても、ときどき食べたくなって市販のゆでたけのこと牛肉で作るしぐれ煮。
そのままでもおかずになりますが、うちは混ぜずしや混ぜごはんの具にしています。
使う牛肉は切り落とし。ロース、肩ロース、モモ、バラ肉などの端肉が混ざったもので
いろいろな部位が集まっているせいか、うまみがあっておいしくできます。

材料／4人分

●牛肉とたけのこのしぐれ煮
牛切り落とし肉　200g
ゆでたけのこ　1個(200g)
しょうが　1片
しょうゆ　大さじ5
砂糖　大さじ2
酒　大さじ1
みりん　大さじ3
実山椒の佃煮　大さじ1
米　2カップ
すし酢(市販品)　½カップ
木の芽　適宜
すだち　2個
●炒り卵
卵　3個
砂糖　大さじ1
塩　少々

作り方

1 牛肉とたけのこのしぐれ煮を作る。牛肉は大きければ食べやすく切る。たけのこは薄切りにし、水気を拭く。しょうがはせん切りにする。

2 フッ素樹脂加工の鍋を熱して牛肉を軽く炒め、たけのこを加えてさっと炒める。

3 ②にしょうゆ、砂糖、酒、みりんを加え、煮立ったらしょうがを入れる。ときどき混ぜながら煮て、汁気が少なくなったら実山椒の佃煮を加えて混ぜる。

4 すし飯を作る。米はといでざるに上げ、かために炊く。炊き上がったらすし酢を合わせる。

5 ④のすし飯に③のしぐれ煮を2カップ分と、木の芽を包丁でたたいてたっぷり加え、さっくりと混ぜ合わせる。最後にすだちを絞りかける。

6 炒り卵を作る。ボウルに卵を割りほぐし、砂糖と塩を加えて混ぜる。鍋に卵液を入れて火にかけ、菜箸で混ぜながら炒りつける。火を止めてさらに細かくほぐす。

7 器に⑤の混ぜずしを盛り、⑥の炒り卵をのせる。好みで焼きのりを添えても。

牛肉とたけのこのしぐれ煮は、汁気が少なくなるまで煮たら実山椒の佃煮を混ぜて火を止め、そのままおいてなじませます

ハヤシライス

ハヤシライスは、短い煮込み時間でできるから手軽です。
水きりしたヨーグルトに生クリームを少し加えて
トッピングにすればちょっとしゃれた食べ方にもなります。

材料／４～６人分

牛切り落とし肉300ｇ　玉ねぎ２個（300ｇ）　マッシュルーム２パック　トマト２個（250ｇ）　デミグラスソース１缶　赤ワイン¼カップ　ローリエ１枚　セロリの葉・パセリの軸など各適宜　顆粒コンソメ少々　トマトケチャップ・中濃ソース各大さじ１　サラダ油大さじ２　塩・こしょう各少々　ごはん適宜　らっきょう・福神漬け各適宜

作り方

1. 牛肉は大きければ食べやすく切る。玉ねぎは縦半分にして繊維を切るように1.5㎝幅に切る。マッシュルームは石づきを取り、４枚にスライスする。トマトはへたを取り、６つ割りにする。
2. 鍋にデミグラスソースと赤ワインを入れ、煮立ったらローリエ、セロリの葉、パセリの軸、トマトを加える。トマトをつぶしながら５分くらい煮て、顆粒コンソメ、トマトケチャップ、中濃ソースで調味する。
3. フライパンにサラダ油大さじ１を熱し、マッシュルームを炒めて取り出す。
4. 同じフライパンに残りのサラダ油を足し、玉ねぎを炒めたら牛肉を広げるようにして加え、塩、こしょうをしながらさっと焼きつけ、マッシュルームを戻し入れる。
5. ④のフライパンに②のソースを加えて軽く煮、塩、こしょうで味を調える。
6. 器にごはんを盛って、⑤をかけ、好みの漬け物を添える。

麻婆春雨

子どもたちが小さい頃から、私が仕事で遅くなるときは
よく麻婆春雨を用意していました。汁がしみた春雨の味に
留守番の思い出が重なり、忘れられない味だと息子はいいます。

材料／４人分

牛切り落とし肉200ｇ　春雨（乾燥）150ｇ　サラダ油大さじ２　長ねぎの粗みじん切り½本分　にんにくのみじん切り大さじ１　しょうがのみじん切り大さじ１　豆板醤大さじ１　紹興酒大さじ２　A〈水1¼カップ　顆粒鶏ガラスープ大さじ１　しょうゆ大さじ４～５　砂糖小さじ1〉　ごま油適宜　香菜適宜

作り方

1. 牛肉は細かく刻む。春雨は熱湯に浸して戻し、ざるに上げ、食べやすい長さに切る。
2. 小鍋にＡを合わせて温める。
3. フライパンにサラダ油を熱し、長ねぎ、にんにく、しょうがを入れて炒め、香りが出たら牛肉を加えて炒める。肉の色が変わったら豆板醤を加えて炒め、紹興酒をふり入れる。
4. ③にＡを加え、煮立ったら春雨を加えて煮汁が少なくなるまで少し煮る。
5. 仕上げにごま油を加えて風味をつけ、器に盛り、好みで香菜の葉をちぎってのせる。

ビーフシチュー

身近な素材に少しだけ買い足して作れるものが結局、何度も作るレシピになります。
買いおき野菜と牛肉にマッシュルームがあれば始められるビーフシチューはそのよい例。
牛肉の切り方は少し大きめにするとごちそうっぽく見えます。
とろけるような牛肉とまろやかな野菜の組み合わせは、だれもが好きな味です。

材料／4人分

牛肩ロース(かたまり)　600g
じゃがいも(大)　2個
にんじん(大)　1本
玉ねぎ(大)　1個
ブラウンマッシュルーム
　(140g入り)　2パック
にんにく　2片
塩・こしょう　各少々
薄力粉　大さじ2
サラダ油　少々
赤ワイン　½カップ
水　5カップ
ローリエ　2枚
デミグラスソース缶　1缶
A
- 顆粒コンソメ　小さじ1
- トマトケチャップ　大さじ3〜4
- 中濃ソース　大さじ2〜3
- 塩・こしょう・砂糖　各少々

作り方

1 牛肉は4〜5cm角くらいに切る。じゃがいもは皮をむき、1個を6つに切り、水にさらしてから水気をよくきる。にんじんは皮をむいて2cm幅の輪切りまたは半月切りにする。玉ねぎは皮をむき、8つ割りにする。マッシュルームは石づきを取る。にんにくは皮をむいてつぶす。

2 塩、こしょう、薄力粉を入れたポリ袋に牛肉を入れて粉をまぶす。フライパンにサラダ油を熱してにんにくを入れ、香りが出たら牛肉を入れて表面を焼きつける。

3 ②のフライパンに赤ワインを加え、煮立ったら汁ごと煮込み用の鍋に移す。分量の水を加えて煮立て、アクを取り、ローリエを加え、蓋をして肉がやわらかくなるまで煮込む。

4 ③にじゃがいも、にんじん、玉ねぎ、マッシュルームの順に加えて煮込む。野菜がやわらかくなったらデミグラスソースを入れ、しばらく煮てAの調味料で味を調える。

＊とろみが薄い場合は、室温でやわらかくしたバターと薄力粉各大さじ1を練り混ぜたブールマニエを少しずつ加えて、好みのとろみをつけます。

煮返すと味が変わるので
そのつど味見をしています

ブリ

ブリは成長にともない、関東では順にワカシ、イナダ、ワラサ、ブリと呼ばれる出世魚です。
塩焼き、照り焼き、ステーキ、ブリ大根などがおなじみ。冬のブリは脂がのっておいしくなります。

ブリのステーキ

脂ののったブリは、肉の感覚でステーキもおすすめです。ステーキにはソースやつけ合わせが重要。
香り高い山椒ソースならブリの血合が苦手という人にもおいしく食べられるはずです。
マッシュポテトやグリーンピースなど洋風なつけ合わせや、
ごはんとパンの両方添えたうちのスタイルを見て、ブリの印象が変わったという人もいます。

材料／4人分

ブリの切り身　4切れ
にんにくのすりおろし・塩・
　こしょう　各少々
オリーブ油　大さじ1
マッシュポテト
- じゃがいも　4個(正味400g)
- 牛乳　½カップ
- 生クリーム　¼カップ
- 塩・こしょう　各少々

グリーンピース(冷凍)　2カップ
山椒ソース
- みりん　2カップ
- しょうゆ　1カップ
- 花椒　大さじ2
- だし昆布　10cm
- ゆずの絞り汁　大さじ1½〜2

バジルソース(市販品)・
　すだち　各適宜
好みのパン・ごはん　各適宜

作り方

1. 山椒ソースを作る。鍋にみりんを入れて火にかけ、ごく弱火にして半量になるまで煮詰める。火を止め、温かいうちにしょうゆ、花椒、さっと洗って水気を拭いた昆布を加える。一晩おいてからゆずの絞り汁を加えて味をなじませる。
2. マッシュポテトを作る。じゃがいもは皮をむき、ひと口大に切って水にさらして水気をよくきる。耐熱ボウルにキッチンペーパーを敷いてじゃがいもを入れ、ふわっとラップをかけ、電子レンジで約8分加熱する。
3. ペーパーを除き、じゃがいもが熱いうちによくつぶして牛乳、生クリームを順に加えて混ぜ、塩、こしょうで味を調える。
4. グリーンピースは熱湯をかけて解凍し、水気をよくきる。
5. ブリはにんにく、塩、こしょうをすりつける。フライパンにオリーブ油を熱して、両面を色よく焼く。
6. 器に焼きたてのブリをのせ、マッシュポテトとグリーンピースをつけ合わせ、ポテトには好みでバジルソースを添える。ブリには山椒ソースをかけ、好みですだちを絞り、パンやごはんを添えていただく。

しょうゆベースの山椒ソースは焼いた魚や肉によく合います。花椒のピリッとした辛味にゆずの酸味が加わってさわやかです

ブリの しゃぶしゃぶ鍋

肉のしゃぶしゃぶ鍋が多い中、ブリでやってみたら上々。
脂ののった魚なので薄切りにしてさっと火を通すくらいが目安です。
鍋の後はきしめんを入れ、ポン酢や薬味でいただきます。

材料／4人分

ブリ（刺身・しゃぶしゃぶ用薄切りにしたもの）1さく　白菜¼株　水菜1束　だし昆布20㎝1枚　水8カップ　ポン酢・大根おろし・万能ねぎの小口切り・すだち・七味唐辛子各適宜

作り方

1 だし昆布はさっと洗って水気を拭き、分量の水に30分から1時間つけて昆布だしをとる。

2 白菜は5㎝角、水菜は5㎝長さに切る。

3 土鍋に①の昆布だし適宜を入れて煮立て、白菜と水菜を加える。野菜に火が通ったら、ブリの薄切りを入れてさっと火を通し、器に取る。好みでポン酢や薬味を添えていただく。

＊だし汁が少なくなったら昆布だしを足して、③を繰り返します。

ブリは1～2㎜厚さのそぎ切りに。魚屋さんに頼めばやってくれます。大皿に白菜や水菜と盛り合わせて具の準備完了

大豆とブリの煮物

大豆、こんにゃく、あり合わせの根菜で作る常備菜です。
ブリを入れるとうまみが加わり、しっかりしみたしょうゆ味が
ごはんの友。時季にはカツオで作ることもあります。

材料／４人分

ブリの切り身３切れ　にんじん１本
れんこん(小)１節　こんにゃく１枚
大豆の水煮１袋(200g)　A〈だし汁
１カップ　しょうゆ大さじ３～４
砂糖大さじ２～２½　みりん・酒
各大さじ２〉

作り方

1　ブリは皮、骨、血合を除き、２㎝角に切る。

2　にんじん、れんこんは皮をむいて1.5㎝角に切り、れんこんは水にさらして水気をよくきる。こんにゃくも1.5㎝角に切って下ゆでする。大豆の水煮は水気があればきる。

3　鍋にAを合わせて煮立て、ブリを加える。ブリに火が通ったらにんじん、こんにゃく、大豆を順に入れる。しばらく煮て煮汁が半量くらいになったられんこんを入れ、ブリがくずれないように混ぜて、少し煮る。火を止め、そのままおいて味を含ませる。

イカ

イカの種類はたくさんありますが、一般的なのはスルメイカ。新鮮なものはワタも調理します。
イカは横には裂けても縦には裂けないので、縦に包丁を入れると食べやすくなります。

イカげその青じそ炒め

イカげそを炒め始めると、なんともおいしそうな香りが広がります。
青じそを加えるタイミングは火を止めてから。
この味が食べたくてついイカを何ばいも買ってしまうほどです。

材料／4人分

イカげそ(刺身用)3ばい分　青じそ20枚　オリーブ油大さじ1　にんにくの薄切り2片分　しょうゆ・塩・こしょう各少々

作り方

1. イカげそは先を切り落とし、2～3本ずつに切り分ける。
2. 青じそは細かく刻む。
3. フライパンにオリーブ油を熱してにんにくを炒め、香りが出たらイカを加えて強火でさっと炒める。
4. しょうゆ、塩、こしょうで味を調え、火を止めて青じそをたっぷり加える。

ゆでイカと長ねぎの中華風

イカに斜め格子に入れた切り込みは、かのこイカという飾り切りで火が通るとくるんと丸くなって開き、味もしみやすくなります。ちょっとしたことですが、料理のでき上がりが違って見えます。

材料／4人分

イカ(刺身用・胴のみ)3ばい分　長ねぎ2本　しょうが1片　A〈顆粒鶏ガラスープ小さじ1　湯¼カップ　しょうゆ・すし酢(市販品)各大さじ2〉　花椒(すりつぶしたもの)適宜　香菜適宜　ごま油大さじ1〜2

作り方

1. 長ねぎとしょうがはせん切りにし、合わせて水にさらして水気をよくきる。
2. Aを合わせてたれを作る。
3. イカは開いて皮を除く。表側に斜め格子に切り込みを入れて3㎝幅の短冊切りにし、熱湯にさっとくぐらせて、ざるに上げる。
4. 器にゆでたての③をのせる。①の長ねぎとしょうがのせん切りを合わせてたっぷりと盛り、花椒と香菜をちらす。
5. ごま油をよく熱し、④にジュッとかけ、②のたれをつけていただく。

エビ

スーパーなどでは輸入の冷凍エビが手頃な値段で出回っています。
冷凍特有のにおいは下味に紹興酒や塩、こしょう、ごま油を使う料理が効果的です。

ベトナム揚げ春巻き

この春巻きは包むのではなく、巻いて作ります。端から具が飛び出そうに見えますが心配は無用。
しっかり端まで詰めてあれば形よくカリッと揚がって、油っぽくもありません。
食べ方はサンチュに春巻きをのせ、大根とにんじんのなますやハーブをのせ、
スイートチリソースをかけていただくベトナム風です。

材料／18本分

エビ　8～10尾（正味 200g）
豚ひき肉　100g
春雨（乾燥）　20g
ゆでたけのこ（小）　1個
香菜　2～3本
ミントの葉　1つかみ
A
- 紹興酒　大さじ1
- 塩　小さじ½
- こしょう　少々
- ごま油　小さじ2

春巻きの皮（大）　3枚
薄力粉　適宜
揚げ油　適宜
大根とにんじんのなます
　エスニック風（右記参照）　適宜
スイートチリソース・香菜・ミント・
　バジル・サンチュ　各適宜

作り方

1　エビは殻と尾、あれば背ワタを除き、長さを半分に切る。太い部分は粗く刻む。細い部分は細かく刻んでからたたく。

2　春雨は熱湯に浸して戻す。ざるに上げ、冷めたら食べやすい長さに切る。たけのこは2cm長さのせん切り、香菜とミントはかたい軸を除いて粗く刻む。

3　ボウルに①のエビ、豚ひき肉を入れてよく混ぜる。さらにAを順に加えてよく練り混ぜたら、②を加えて混ぜる。

4　春巻きの皮は縦半分、さらに横3等分に切る。③のたねを等分して皮にのせて巻き、薄力粉を同量の水で溶いたのりで止める。たねが少なければ両端から足して、しっかりと詰める。

5　揚げ油を熱して④をカリッと揚げ、中まで火を通す。

6　器に揚げたての春巻きを盛り、好みで大根とにんじんのなますエスニック風、スイートチリソース、香菜、ミント、バジル、サンチュなどを添える。

●大根とにんじんのなます
　エスニック風
材料と作り方／作りやすい量
大根5cmは皮をむいて細いせん切りに、にんじん10cmも皮をむいて長さを半分にし、同じくせん切りにする。すし酢（市販品）大さじ3、ナンプラー大さじ1½を合わせて、大根、にんじんにからめ、しばらくおいて味をなじませる。

エビチャーハン

以前、中華料理のプロに聞いたところ、チャーハンをぱらりと仕上げるにはごはんをしっかり炒めることだ、と。以来それを守っています。エビはプリッとした食感を残すため、炒めて取り出し、最後に加えます。

材料／4人分

むきエビ200g（正味）　A〈紹興酒・塩・こしょう・ごま油各少々〉　牛ひき肉100g　玉ねぎ¼個　炒り卵〈卵2個　塩・こしょう各少々　サラダ油大さじ2〉　サラダ油適宜　ごはん4膳分　にんにくじょうゆ（右記参照）大さじ3　万能ねぎの小口切り½カップ分

作り方

1 エビは洗い、背ワタがあれば除く。水気をふいてから1～2㎝長さに切り、Aをからめて下味をつける。玉ねぎは細かいみじん切りにする。

2 炒り卵を作る。卵を溶きほぐして軽く塩、こしょうし、フライパンにサラダ油を熱して流し入れ、大きくゆるく焼いて取り出す。

3 同じフライパンにサラダ油大さじ½を熱し、①のエビを炒めて取り出す。

4 ③にサラダ油大さじ½を足し、ひき肉を入れて十分に炒めてから玉ねぎを加える。

5 ④に②の炒り卵を戻し入れ、全体になじむように炒めたらごはんを加える。

6 サラダ油大さじ1～2を足し、あおりながらよく炒め合わせる。パラパラしてきたら鍋肌からにんにくじょうゆを回し入れ、手早くなじませ、エビと万能ねぎを加えて混ぜる。

●にんにくじょうゆ

材料と作り方／作りやすい量

しょうゆ1カップににんにくの薄切り3片分を入れ、1～2日おく。風味のよいしょうゆなので、炒め物の調味や鶏のから揚げの下味などに使ってもおいしくなる。

エビと野菜の
チリソース

エビだけよりも野菜が入ると両方おいしくなってボリュームもアップ。
でき上がりにゆるい炒り卵をのせるのがうちのいつもの食べ方です。
辛さもほどよく子どもたちも食べやすい味でごはんにかけると最高。

材料／4人分

むきエビ200ｇ　A〈紹興酒・塩・こしょう・ごま油各少々〉　なす2個　ズッキーニ1本　B〈にんにく・しょうがのみじん切り各大さじ1　長ねぎのみじん切り大さじ3〉　C〈豆板醤小さじ2　紹興酒大さじ1　水1½カップ　中華スープペースト小さじ2　トマトケチャップ大さじ6　砂糖大さじ1½　酢小さじ2　しょうゆ大さじ1〉　片栗粉・水各大さじ1　サラダ油大さじ3　炒り卵〈卵3個　塩・こしょう各少々　サラダ油大さじ2〉　ごま油大さじ1

作り方

1 エビは洗い、背ワタがあれば除き、水気を拭いてからAをからめて下味をつける。

2 なすはヘタを取り、2㎝幅の半月切りまたはいちょう切りにし、水にさらして水気を拭く。ズッキーニもなすと同様に切る。Bの香味野菜を用意する。

3 小鍋にCを合わせて温める。片栗粉は同量の水で溶いておく。

4 深めのフライパンにサラダ油大さじ2を熱し、②のなすとズッキーニを焼きつけるように炒めて取り出す。

5 同じフライパンにサラダ油大さじ1を足し、Bの香味野菜を炒める。香りが出たら①のエビを炒める。

6 ⑤にCの調味液を加え、煮立ったらなすとズッキーニを戻し、再び煮立ったら水溶き片栗粉でとろみをつける。

7 炒り卵を作る。卵を溶きほぐして軽く塩、こしょうし、フライパンにサラダ油を熱して卵液を流し入れ、大きくゆるく焼く。

8 器に⑥を盛り、⑦をのせ、ごま油をふって香りをつける。

ホタテ

生ホタテの貝柱は刺身はもちろん、磯辺焼き、グラタン、ソテー、天ぷらなどにも。
適度に加熱すると甘みが引き立ちますが、火を通しすぎるとかたくなりやすいので気をつけます。

ホタテの磯辺焼き

おすし屋さんで食べて
大好きになったレシピです。
新鮮なホタテの焼きたてを
ぜひおいしいのりではさんで。

材料／4人分

ホタテ貝柱(刺身用)8個　しょうゆ大さじ1½　みりん大さじ½　焼きのり・七味唐辛子・すだち各適宜

作り方

1 ホタテを熱した焼き網にのせ、しょうゆとみりんを合わせたたれにからめながら両面を焼く。

2 ①に好みで七味唐辛子をふり、すだちを絞り、焼きのりではさんでいただく。

ホタテのカルパッチョ

材料／4人分

ホタテ貝柱（刺身用）8個　サラダリーフミックス1袋　貝割れ菜1パック　切り三つ葉1束　青じそ10枚　しょうが(小)1片　甘辛だれ〈みりん½カップ　しょうゆ大さじ5　酢大さじ1　だし昆布5㎝角1枚　しょうがの薄切り(小)1片　赤唐辛子の小口切り1～2本分　ゆずの絞り汁大さじ1〉　カルパッチョソース〈マヨネーズ¼カップ　牛乳大さじ1　顆粒コンソメ少々　粒マスタード大さじ1～2〉　パルメザンチーズ適宜

作り方

1 甘辛だれを作る。小鍋にみりんを入れて火にかけ、煮立ったら弱火にして約3分煮詰める。火を止め、熱いうちにしょうゆ、酢、さっと洗って水気を拭いただし昆布を加える。しょうが、赤唐辛子、ゆずの絞り汁も入れ、しばらくおいて味をなじませる。

2 カルパッチョソースを作る。小さいボウルにマヨネーズを入れて牛乳でのばし、顆粒コンソメ、マスタードを加える。

3 ホタテは1個を横4枚に薄くスライスする。

4 リーフミックスは冷水に放してパリッとさせ、水気をよくきる。

5 貝割れ菜は根を切り落として3㎝長さ、三つ葉も3㎝長さに切り、合わせて冷水に放してパリッとさせ、水気をよくきる。青じそは半分に切ってからせん切り、しょうがもせん切りにする。それらを合わせて混ぜる。

6 ③のホタテと④⑤の野菜はそれぞれ食べる直前まで冷やしておく。

7 器に④と⑤の野菜を半々にふわっと盛り、ホタテを全体にのせる。④の上には②のカルパッチョソース、⑤には①の甘辛だれをかけ、好みでパルメザンチーズをおろしかける。

生ものはひとつの食べ方だと飽きるので、何通りか用意しています。
甘みのあるホタテには、しょうゆベースの甘辛だれとマヨネーズベースのカルパッチョソースの２種類。
一緒に食べる生野菜も、和風の香味野菜と洋風のリーフミックスの２種類。
長年愛用している焼き締めの大鉢に盛ると、とてもごちそうに見えてうれしいです。

ホタテのステーキ、酢みそソース

うちでは時季になると、殻つきのホタテを北海道からよく送ってもらいます。
最初はお刺身でも少しいただきますが、新鮮なうちにさっと焼いたり、
フライやグラタンにして食べるのが私は大好き。鮮度がいいと甘みがあります。
ホタテのステーキは、洋風にアレンジした酢みそソースでいただきます。

材料／4人分

ホタテ貝柱　8個
塩・こしょう・にんにくのすりおろし　各少々
オリーブ油　大さじ1
酢みそソース
- みそ　大さじ5
- だし汁　¼カップ
- 酢　大さじ1
- 砂糖　大さじ1
- みりん　大さじ½
- 生クリーム　大さじ2

つけ合わせ
- かぶ　3～4個
- にんじん　1本
- さやいんげん　100g

スープ（顆粒コンソメ大さじ1を湯1カップで溶いたもの）
粗びきこしょう　適宜

作り方

1 つけ合わせを作る。かぶは茎を2cmほど残して皮をむき、8等分する。にんじんは皮をむき、長さを3～4等分して、かぶと同じくらいの大きさに切る。さやいんげんは筋を取り、斜めに2等分する。

2 鍋に湯を沸かし、にんじん、かぶ、さやいんげんの順に加えてかためにゆでる。水気をよくきり、熱いうちにスープに浸し、しばらくおいて味をなじませる。

3 酢みそソースを作る。小鍋に生クリーム以外の材料を合わせてよく混ぜ、火にかけてひと煮立ちさせ、火を止める。冷めたら生クリームを加える。

4 ホタテに塩、こしょう、にんにくのすりおろしをまぶす。フライパンにオリーブ油を熱し、ホタテを入れ、両面を焼きつける。

5 器に②の温野菜を敷き、好みで粗びきこしょうをふり、④のホタテのステーキをのせ、③の酢みそソースをかける。

殻の深くカーブしているほうを下にしてナイフをさし込む。上の殻についた貝柱を切って開き、下の殻の貝柱を切って出します

素材の鮮度がいいと
うまみが凝縮するみたい

大きなおかず

index

小さなおかず

ごはん

麺・パスタ・パン

汁もの

おやつ・デザート

便利なたれ・ソース

栗原はるみ

静岡県下田市生まれ。家族のために作り続けてきた自由な発想の家庭料理が幅広い層から支持され、人気料理家に。著書『ごちそうさまが、ききたくて。』（'92年文化出版局刊）をはじめベストセラーを数々上梓。累計発行部数は3100万部を超える。パーソナルマガジンに『栗原はるみ』（'22年より講談社刊）。海外向けに出版した『Harumi's Japanese Cooking』（'04年コンランオクトパス社刊）ではグルマン世界料理本賞グランプリ受賞。テレビ番組、企業アドバイザー等でも活躍。生活雑貨ショップ『share with Kurihara harumi』のプロデュースも手がける。小社既刊に『わたしの味』（'05年）、『わたしの味 野菜たっぷり』（'07年）。

ブックデザイン：茂木隆行
撮影：竹内章雄
スタイリスト：福泉響子
取材・構成：秋山静江

おいしくたべよう。 素材をいかすレシピ133

2010年4月12日 第1刷発行
2023年10月7日 第8刷発行

著　者 栗原はるみ
発行人 内田秀美
発行所 株式会社 集英社
〒101-8050 東京都千代田区一ツ橋2-5-10
電　話 編集部 03-3230-6340
読者係 03-3230-6080
販売部 03-3230-6393（書店専用）
印刷所 TOPPAN株式会社
製本所 加藤製本株式会社

定価はカバーに表示してあります。

ISBN978-4-08-780559-8 C2077